모든 언어는 평등하다

지구상의 모든 언어는
인류 공동체 문명 발전의 발자취입니다.
힘이 센 나라의 언어라 해서 더 좋거나 더 중요한 언어가 아닌 것처럼,
많은 사람들이 쓰지 않는 언어라 해서 덜 좋거나 덜 중요한 언어는 아닙니다.

문화 다양성에 따른 언어 다양성은 인류가 서로 견제하고
긍정적인 자극을 주고받으며 소통, 발전할 수 있는 계기가 됩니다.
그러나 안타깝게도 현재 일부 언어가 '국제어'라는 이름 아래
전 세계 사람들에게 강요되고 있습니다.

언어평등의 꿈은 전 세계 모든 언어를 학습할 수 있는 어학 콘텐츠를
개발하는 것입니다. 어떠한 언어에도 우위를 주지 않고, 다양한 언어의 고유
가치를 지켜나가겠습니다. 누구나 배우고 싶은 언어를 자유롭게 선택해서
배울 수 있도록 더욱 정진하겠습니다.

언어평등은 문예림의 아날로그와 디지털을 아우르는
어학 콘텐츠 브랜드입니다.
60년째 언어 생각뿐.

언어평등 시리즈
첫걸음

ARCTIC OCEAN

NORTH PACIFIC
OCEAN

NORTH ATLANTIC
OCEAN

SOUTH PACIFIC
OCEAN

SOUTH ATLAN
OCEAN

언어평등은 누구나 평등하고 자유롭게 전 세계 모든 언어를
학습할 수 있도록 여러분과 함께 할 것입니다.

이탈리아어는 계통적으로 인도유럽어에 속하는 이탤릭어족의 한 분파인 로망스어군에
속한다. 이탈리아, 바티칸, 산마리노 및 스위스의 티치노주 등의 지역에서 쓰이는
로망스어군 계열 언어이다. 유럽연합의 24개 공식 언어 중 하나이며, 6천 700만 명이
모국어로 사용하고 전 세계 이탈리아어 사용자는 8천 500만 명에 이를 것으로 추정된다.

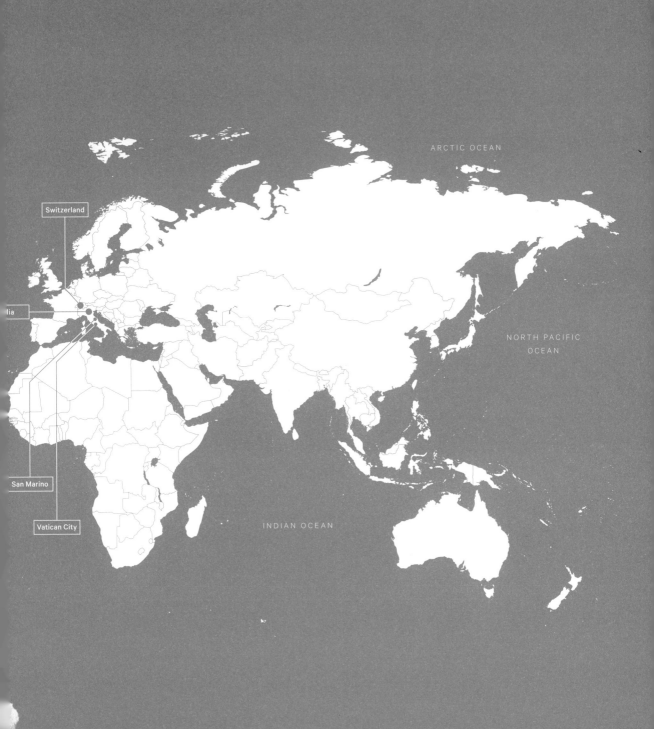

ARCTIC OCEAN

Switzerland

lia

San Marino

Vatican City

NORTH PACIFIC
OCEAN

INDIAN OCEAN

동영상 강의
시청하기

언어평등(www.EQlangs.com)에서 구매하면
해당 도서의 강의를 보실 수 있습니다.
저자가 알려주는 언어 이야기도 보실 수 있습니다.

MP3 다운로드 방법

1단계
언어평등(www.EQlangs.com) 사이트
고객센터 - 자료실 - MP3 들어오기

2단계
제목_____에 찾고자 하는
도서명을 입력 후 검색하세요.

www.EQlangs.com

평등한 언어 세상을 위한 시작

이탈리아어 첫걸음

평등한 언어 세상을 위한 시작

이탈리아어 첫걸음

Verso il Mondo dell'Eguaglianza Linguistica

Primi Passi nella Lingua Italiana

언어평등

평등한 언어 세상을 위한 시작

이탈리아어 첫걸음

초판 2쇄 인쇄 2022년 10월 27일
초판 2쇄 발행 2022년 11월 3일

지은이 양혜경
펴낸이 서덕일
펴낸곳 언어평등

기획 서민우 **편집진행 및 교정** 조소영 **본문 디자인** 문인주
표지 및 부속 디자인 박정호 **오디오 녹음** 이니스닷컴 **동영상 촬영** 이큐스튜디오
출력 및 인쇄 천일문화사 **제본** 대흥제책

출판등록 2018.6.5 (제2018-63호)
주소 경기도 파주시 회동길 366 3층 (10881)
전화 (02) 499-1281~2 **팩스** (02) 499-1283
전자우편 eqlangs@moonyelim.com
홈페이지 www.EQlangs.com

ISBN 979-11-970617-7-6 (13780)
값 15,000원

세계 언어와 문화, **문예림**
언어평등 〈모든 언어는 평등하다〉 디지털과 아날로그 아우르는 어학 콘텐츠
오르비타 〈위대한 작은 첫걸음〉 성인 어학 입문, 파닉스(영유아, 어린이 어학교재)
심포지아 〈세상에 대한 담론과 향연〉 나라와 도시 여행, 역사, 문화 등
파쿨라 〈지성을 밝히는 횃불〉 어문학, 언어학 학술도서

Tantissimi Auguri!

이탈리아에서는 '축복합니다'라는 표현을 일상에서 자주 사용합니다. 본 교재로 이탈리아어를 공부하는 여러분이 언어의 장벽을 뛰어넘고, 현지에서 자유롭게 소통하며 목표와 꿈을 달성할 수 있기를 매 순간 기도하며 집필했습니다.

이탈리아어는 소금과 같은 언어입니다. 한국과 이탈리아는 1884년 양국 간의 수교가 공식화되어 140여 년의 교류 역사를 이어 오고 있습니다. 이탈리아어는 한국어만큼 역사가 깊은 언어라 다양한 관용어와 표현이 있고, 우리가 즐기는 커피와 파스타, 피자의 이름에도 재밌는 이야기가 숨어 있습니다. 음악하면 또 어떤가요? 학창시절 배웠던 알레그로, 모데라토, 포르테와 같은 음악 용어도 이탈리아어입니다. 그러나 지금까지 생생하고 꼭 필요한 표현을 담은 전문적인 이탈리아어 교재가 부족하여, 이탈리아어 전공생들을 비롯하여 다양한 이유로 이탈리아로 출국하는 이들의 답답한 곳을 시원케 하지 못한 것이 사실입니다. 본서에서는 이탈리아어를 배우거나 현지로 떠나는 분들의 목적인 기독교 · 신학, 비즈니스, 의학, 패션 · 디자인, 건축, 성악 · 음악, 여행, 축구리그 등을 최대한 고려하여 각 주제 및 분야에서 사용되는 표현들과 단어들을 회화와 예문에 자연스럽게 녹였습니다. 이 책 하나만으로도 능수능란하게 이탈리아어를 구사할 수 있게 되어 이탈리아 친구와 고객들을 감탄시킬 수 있을 것입니다.

이탈리아어는 정확한 발음으로 끊임없이 연습하고 도전하는 것이 중요한 언어입니다. 현직 이탈리아 성우 선생님의 정확하고 세련된 발음으로 실생활 회화와 표현을 생생하게 익힐 수 있습니다. 공부하다가 혼란스럽거나 막막하다고 느낄 때, 누군가가 도와주면 좋겠다는 생각이 듭니다. 그런 여러분을 직접 만나서 수업한다는 마음으로 영상 강의를 제작하였습니다. 영상 강의와 함께 공부하면, 자칫 종이 위의 텍스트로 끝났을 내용들이 입체적이고 살아있는 이야기로 바뀌어 효과적일 것입니다.

본서의 제작을 위해 부족한 저자를 끝까지 믿고 애써주신 문예림 직원들의 노고와 열정에 큰 감사를 드리며, 학문적 토대가 되어준 한국외국어대학교 이탈리아어과의 교수님과 동문들에게도 감사의 말씀을 전합니다. 교재 감수에 도움을 준 Giorgia Da Re, 제자의 책을 위해 흔쾌히 녹음작업에 힘써준 Michele Lettera 선생님, 언제나 믿음과 지원을 아끼지 않는 부모님과 동생 태규, 이탈리아 유학 생활과 집필 중 힘들 때 기도로 함께해주신 신우영 목사님, 문주은, 이윤정 등 많은 분들께 감사의 마음을 전하며, 기도 속에서 쓰여진 교재인 만큼 이 책을 선택하신 모든 분들께 복과 사랑이 흘러 넘치기를 기도합니다.

Vi auguro tanta felicità!

양혜경 (플로리쌤)

🔍 Alfabeto e pronuncia 알파벳과 발음

문자는 2차적인 기억의 시스템이다

이탈리아어 문자와 모음, 자음의 발음 및 악센트를
익힙니다. 발음은 반복 연습하는 것이 중요합니다.

준비학습

알파벳 L'ALFABETO	구분	명칭	음
A a		a [아]	[a]
B b		bi [비]	[b]
C c		ci [치]	[k] / [s]
D d		di [디]	[d]
E e		e [에]	[v] / [e]
F f		effe [에페]	[f]
G g		gi [쥐(쉬)]	[g] / [dʒ]
		acca [악카]	[시]
D d	di [디]		
E e	e [에]		
F f	effe [에페]		
G g	gi [쥐(쉬)]		
H h	acca [악카]		
I i	i [이]		
J j	i lunga [이 룽가]		
K k	cappa [캅파]		

🔍 Dialogo 대화

경청은 지혜의 특권이다

각 강의 학습 내용에 기본이 되는 대화문을 상황
별로 소개합니다. 초보자의 학습에 도움이 되도록
5강까지는 한국어 독음을 표기하였습니다.

DIALOGO

Luca: Buongiorno, Gloria, da quanto tem
부온조르노, 글리라아, 다 콴토 템포 토토 베네?

Gloria: Ciao, Luca. Da quanto! Tutto bene
차오, 루카. 다 콴토! 툿토 베네, 그라치에, 에 투 코메

Luca: Sto benissimo, grazie.
스토 베닛시모, 그라치에.

Gloria: Luca, questa è mia cugina Juni.
루카, 퀘스타 에 미아 쿠지나 주니.

Luca: Ciao Juni! Sono Luca. Piacere!
차오 주니! 소노 루카. 피아체레!

Juni: Ciao Luca. Sono Juni. Piacere mio
차오 루카. 소노 주니. 피아체레 미오.

루카: 안녕, 글로리아, 오랜만이야! 잘 지내지?

🔍 Vocabolario 어휘

단어의 이미지는 견고하다

각 강에서 등장하는 어휘를 정리하였습니다. 이미
지를 연상하면서 어휘를 기억하도록 합니다.

VOCABOLARIO

da ~로부터
quanto 얼마나
il tempo 시간
tutto 모두의, 전부의 / 모든 것
tanto 많은
bene (부사) 잘, 좋게
come 어떻게
benissimo 굉장히 좋게
(bene의 최상급)
questo / questa
이것, 이 사람
la cugina 사촌 (여)
il cugino 사촌 (남)
il piacere 즐거움, 기쁨, 호의

GRAMMATICA

① 명사의 성과 수

이탈리아어의 거의 모든 단어는 모음으로 끝나며, 모
명사의 마지막 모음에 따라 **남성**과 **여성**으로, 명사의
니다.

구분	단수
남성	-o
여성	-a
남성 혹은 여성	-e

1) -o로 끝나는 대부분의 명사 → 남성단수

Q Grammatica 문법

언어는 본능이 아니다

각 강의 상황별 대화문에 등장하는 관련 문법을 설명하였습니다.
문장 형태와 용법을 실용적인 예문과 함께 학습할 수 있습니다.

ESPRESSIONI

① 만났을 때 인사하기

Buongiorno.   안녕(하세요). [정중
Buon pomeriggio.   안녕(하세요). [오후
Buonasera.   안녕(하세요). [저녁
                          14시부터 사용하기도

Buondì*.   안녕(하세요). [다소
Salve.   안녕(하세요). [비격
Ciao!   안녕! [친근감 있게 ·

Benvenuto. / Benvenuta.   잘 왔어요. / 환영합니
Benvenuti. / Benvenute.

Q Espressioni 유용한 표현

인류는 소통했기에 생존하였다

각 강에서 학습한 내용을 응용하여 말할 수 있는 다양한 문장을
제시하였습니다. 새로운 어휘와 구문을 통해 문장을 구성하는
응용력을 기릅니다.

APPROFONDIMENTO

Situazione **①**

상황 존칭을 사용하여 인사하기

A: Buonasera, professor Moretti. Come sta
B: Buonasera, signora Fumagalli. Sto bene
A: Tutto a posto, grazie.

A: 안녕하세요. 모레티 교수님. 잘 지내셨어요?
B: 안녕하세요. 푸마갈리 씨. 저야 잘 지내죠. 감사합니다. 교수님
A: 전부 괜찮습니다. 감사합니다.

Q Approfondimento 상황별 대화

언어의 역동성이 인간을 장악한다

각 강에서 학습한 내용을 말할 수 있는 문장 패턴을 제시하였습
니다. 하나의 문장 패턴에서 다양한 문장을 만드는 응용력을 기
릅니다.

COMUNICHIAMO

◎ 앞에서 배운 표현들을 참고하여 문맥에 맞게 이탈리

A: Sal
B: Tutt

1 A: Qu
   B:

2 A: Bu
   B:

ESERCIZI

① 다음 문장을 이탈리아어로 쓰고 말해 보세요

1 A: 안녕, 줄리아. 잘 지내?
   _____

   B: 아주 잘 지내, 고마워. 너는?
   _____

   A: 나도 전부 괜찮아, 고마워.
   _____

2 A: 안녕하세요, 모레티 교수님. 어떻게 지내세요?

Q Comunichiamo & Esercizi 연습문제

말할 권리는 절대 옹호한다

각 강에서 학습한 내용을 정리합니다. 이탈리아어로 말할 수 있
는지 스스로 확인하고 복습하도록 합니다.

차 례

Contents ▶

알파벳
L'ALFABETO

🎧 0-1

구분	명칭	음가		Alfabeto Telefonico (철자 지칭)
A a	a [아]	[a]	[아]	Ancona
B b	bi [비]	[b]	[ㅂ]	Bologna / Bari
C c	ci [취(최)]	[k] / [tʃ]	[ㅋ] / [ㅊ]	Como
D d	di [디]	[d]	[ㄷ]	Domodossola
E e	e [에]	[e] / [ɛ]	[에] / [애]	Empoli
F f	effe [애쀄]	[f]	[ㅍ]	Firenze
G g	gi [쥐(직)]	[g] / [dʒ]	[ㄱ] / [ㅈ]	Genova
H h	acca [앜카]	[∅]	묵음	Hotel
I i	i [이]	[i] / [j]	[이]	Imola
J j	i lunga [이 룽가]	[l]	[이]	Juventus
K k	cappa [캎파]	[k]	[ㅋ]	Kappa
L l	elle [앨레]	[l]	[ㄹ]	Livorno
M m	emme [앰메]	[m]	[ㅁ]	Milano
N n	enne [앤네]	[n]	[ㄴ]	Napoli
O o	o [어]	[o] / [ɔ]	[외] / [어]	Otranto
P p	pi [피]	[p]	[ㅍ]	Palermo / Padova
Q q	qu [쿠]	[k]	[ㅋ]	Quarto
R r	erre [애레]	[r]	[ㄸ]	Roma
S s	esse [앳세]	[s] / [z]	[ㅅ] / [ㅈ]	Savona / Salerno
T t	ti [티]	[t]	[ㅌ]	Torino / Taranto
U u	u [우]	[u] / [w]	[우]	Udine
V v	vu [부] / vi [비]	[v]	[ㅂ]	Venezia
W w	doppia vu [돞피아 부]	[w]	[ㅂ]	Washington
X x	ics [익스]	[ks]	[ㅅ]	Xilofono
Y y	i greca [이 그래카] / ipsilon [입실론]	[j]	[이]	Yogurt
Z z	zeta [재타]	[ts] / [dz]	[ㅊ, ㅉ] [ㅈ]	Zara

• j, k, w, x, y는 외래어 및 고유명사 등을 표기할 때만 사용됩니다.

• Alfabeto Telefonico: 이탈리아에서는 각 철자를 지칭할 때 해당 도시명을 사용해 혼돈을 줄입니다.

• 정확한 발음을 익히기 위해 동영상 강의 혹은 mp3 파일을 참고하길 바랍니다.

발음
LA PRONUNCIA

| 모음　LE VOCALI |

1 단모음　🎧 0-2

a e i o u

⊘ 다섯 개의 모음 중 a, i, u는 음가 그대로 발음합니다.

a	[아]	Amore [아모레]　Anima [아니마]　Libertà [리베르타]
i	[이]	Immagine [임마쥐네]　Miracolo [미라콜로]　Vita [뷔타]
u	[우]	Umano [우마노]　Umiltà [우밀타]　Musica [무(z)지카]

⊘ 모음 e와 o는 열린소리(`)와 닫힌소리(´)가 있습니다.

- **열린소리**:　è [애], ò [어] 는 입을 더 크게 벌려 발음합니다.
- **닫힌소리**:　é [에], ó [오] 는 입을 더 작게 벌려 발음합니다.

열린소리와 닫힌소리는 단어에 **악센트가 있는 음절**에서만 구분됩니다. 따라서 **열린소리는 단어의 악센트 부분에서 최대 한 번만 존재**할 수 있습니다. 즉, 단어 내에 열린소리가 전혀 없는 경우도 있습니다. (단어에 악센트를 표기하지 않는 경우가 대다수이며, 일정한 발음규칙이나 사전의 발음기호를 통해 열린소리인지 닫힌소리인지 알 수 있습니다. 따라서 본서에서 열린모음이 있는 경우에는 따로 발음기호를 표기합니다.)

è	[애]	열린소리	caffè [카풰]　sempre [sèmpre] [샘프레]　pecora [pècora] [패코라]
é	[에]	닫힌소리	fede [풰데]　vero [붸로]　neve [네붸]

ò	[어]	열린소리	però [페러]　parola [paròla] [파럴라]　notte [nòtte] [넡테]
ó	[오]	닫힌소리	mondo [몬도]　giorno [죠르노]　voce [보췌]

2 이중모음

상승 이중모음	ia ie io iu ua ue uo ui
하강 이중모음	ai ei oi au eu

⊘ 이중모음은 두 개의 모음이 합쳐져 빠르게 하나의 소리처럼 발음되며, **하나의 음절로 인식되므로 절대 분절하지 않습니다.**

⊘ a, e, o는 강모음이며, i, u는 약모음입니다. 따라서 단어 내 **이중모음에 악센트가 있는 경우에는 강모음에 있습니다.**

⊘ 상승 이중모음은 '약모음 + 강모음' 순서로 조음됩니다.

ià	**pia**no [피아노] **glo**ria [glòria] [글러리아]
iù	**fiu**me [퓨우메] **chiu**so [키우(z)조]
uà	**gua**sto [과(구아)스토] **guan**cia [관촤]
uì	**gui**da [귀다] **sui**no [쑤이노]

⊘ 상승 이중모음 ie, io, ue, uo에 악센트가 있는 경우, 소수의 예외를 제외하고 e와 o는 항상 열린모음입니다.

iè	**chie**sa [chièsa] [키애(z)자] **cie**lo [čèlo] [챌로]
iò	**pio**ggia [piòğğa] [피엇쟈] **vio**la [vi-òla] [뷔어라]
uè	**fluen**te [fluènte] [플루앤테] **guer**ra [guèrra] [구애(rr)라]
uò	**uo**mo [uòmo] [우어모] **cuo**re [cuòre] [쿠어레]

⊘ 하강 이중모음은 '강모음 + 약모음' 순서로 조음됩니다.

ài	di**rai** [디라이] fa**rai** [퐈라이]
èi	**lei** [lèi] [래이] **sei** [sèi] [쌔이]
òi	**poi** [pòi] [퍼이] **poi**ché [포이케]
àu	**Fau**sto [퐈우스토] au**ro**ra [auròra] [아우러라]
èu	**feu**do [fèudo] [퐤우도] **eu**forico [eufòrico] [에우풔리코]

☑ 자음의 음가를 위하여 모음이 연접한 다음과 같은 경우, 엄격하게 따지면 이중모음이라 칭하지 않으나, 발음할 때는 **하나의 음절로 발음**합니다.

qua [콰]	que [퀘]	qui [퀴]	quo [쿼]	quello [퀠로]
cia [챠]	cie [췌]	cio [쵸]	ciu [츄]	calcio [칼쵸]
gia [좌]	gie [줴]	gio [죠]	giu [쥬]	gioia [ǧòia] [져이아]
scia [샤]	scie [셰]	scio [쇼]	sciu [슈]	sciopero [šòpero] [셔페로]
glia [랴]	glie [레]	glio [료]	gliu [류]	figlio [퓔리오]

☑ 강모음(a, e, o)끼리 연접하는 경우, 이중모음이 아니므로 **음절을 분해할 수 있습니다.**

paese [파에제] → pa-e-se

maestro [maèstro] [마애스트로] → ma-e-stro

beato [베아토] → be-a-to

creatura [크레아투라] → cre-a-tu-ra

poeta [poèta] [포애타] → po-e-ta

aorta [aòrta] [아어르타] → a-or-ta

☑ [강모음 + 약모음], [약모음 + 강모음], [약모음 + 약모음]의 조어에서 약모음에 악센트가 있을 때, 이중모음이 아니므로 **분절**합니다.

paùra [파우라] → pa-u-ra

simpatìa [심파티아] → sim-pa-ti-a

zìo [즤(z)오] → zi-o

mìo [미오] → mi-o

☑ ri-, re-, bi-, tri- 등과 같은 접두어가 모음으로 시작하는 명사와 결합될 때, 이중모음이 아니므로 **분절**합니다.

rialzare [리알짜(z)레] → ri-al-za-re

reagire [레아쥐레] → re-a-gi-re

biennale [비엔날레] → bi-en-na-le

triennio [triènnio] [트리앤니오] → tri-en-nio

| 자음   LE CONSONANTI |

0-3

⊘ 이탈리아어는 기본적으로 쓰인 대로 발음합니다.

⊘ 여타 언어도 마찬가지겠지만, 이탈리아어는 특히 발음, 악센트, 억양이 매우 중요합니다.

⊘ 한국어로 명확하게 표기할 수 없는 발음도 있으므로, 올바른 발음을 익히기 위해 반드시 동영상 강의 혹은 mp3 파일을 참고하길 바랍니다.

B	[b]	ba [바]	be [베/배]	bi [비]	bo [보/버]	bu [부]	bocca [복카]
C	[k]	ca [카]	che [케/캐]	chi [키]	co [코/커]	cu [쿠]	caramella [카라맬라] chiamare [키아마레]
	[tʃ]	cia [챠]	ce [체/채]	ci [치]	cio [쵸/쳐]	ciu [츄]	cetriolo [체트리어로]
D	[d]	da [다]	de [데/대]	di [디]	do [도/더]	du [두]	deserto [데(z)재르토]
F	[f]	fa [꽈]	fe [꿰/꽤]	fi [뀌]	fo [포/퍼]	fu [푸]	fulmine [풀미네]
G	[g]	ga [가]	ghe [게/개]	ghi [기]	go [고/거]	gu [구]	gatto [갇토] preghiera [프레기애라]
	[dʒ]	gia [쟈]	ge [줴/좨]	gi [쥐]	gio [죠/져]	giu [쥬]	giacinto [쟈췬토]
		gla [글라]	gle [글레/글래]	gli [리]	glo [글로/글러]	glu [글루]	gloria [글러리아] foglio [폴리오]
		gna [냐]	gne [네/내]	gni [늬]	gno [뇨/녀]	gnu [뉴]	gnocchi [녘키] sogno [쏘뇨]
H	묵음	ha [아]	he [에/애]	hi [이]	ho [오/어]	hu [우]	hotel [오텔]
L	[l]	la [라]	le [레/래]	li [리]	lo [로/러]	lu [루]	luna [루나]
M	[m]	ma [마]	me [메/매]	mi [미]	mo [모/머]	mu [무]	madre [마드레]
N	[n]	na [나]	ne [네/내]	ni [니]	no [노/너]	nu [누]	numero [누메로]
P	[p]	pa [파]	pe [페/패]	pi [피]	po [포/퍼]	pu [푸]	padre [파드레]
Q	[q]	qua [쿠아/콰]	que [퀘/꽤]	qui [쿠이/퀴]	quo [쿠오/쿠어]	qu [쿠]	questo [퀘스토] quota [쿠어타(쿼타)]
R	[r] / [rr]	ra [라]	re [레/래]	ri [리]	ro [로/러]	ru [루]	rossa [롯사] bicchiere [비키애레]

		S는 강한 발음 [ㅆ, s]와 부드러운 발음 [ㅈ, z]로 구분됩니다. 부드러운 S (S dolce)는 S로 시작하는 일부 단어 혹은 S가 모음 사이에 있는 경우에 발음 납니다.					
S	[s]	sa [싸]	se [쎄/쌔]	si [씨]	so [쏘/써]	su [쑤]	sale [쌀레]
	[z]	sa [자]	se [제/재]	si [지]	so [조/저]	su [주]	casa [카자(z)] cosa [커자(z)]
		sca [스카]	sche [스케/스캐]	schi [스키]	sco [스코/스커]	scu [스쿠]	scala [스칼라]
		scia [샤]	sce [세/섀]	sci [쉬]	scio [쇼/셔]	sciu [슈]	sciarpa [샤르파]
T	[t]	ta [타]	te [테/태]	ti [티]	to [토/터]	tu [투]	tardi [타르디]
V	[v]	va [봐]	ve [붸/봬]	vi [뷔]	vo [보/버]	vu [부]	valido [봘리도]
		Z는 강한 발음 [tz, ㅊ/ㅉ]와 부드러운 발음 [dz, ㅈ]로 구분됩니다. 강한 Z 발음은 한국어로 표기하기 어려운 무성치경파찰음으로 혀가 윗 치아의 뒷면을 치면서 발음하는데, 일본어의 つ와 비슷합니다. 부드러운 Z는 유성치경마찰음으로 영어처럼 치아 뒷면을 울리면서 나는 소리입니다.					
Z	[dz]	za [자]	ze [제/재]	zi [지]	zo [조/저]	zu [주]	zanzara [잔자라]
	[tz]	za [짜]	ze [쩨/째]	zi [찌]	zo [쪼/쩌]	zu [쭈]	zitto [찔토]

악센트
L'ACCENTO

🎧 0-4

이탈리아어의 악센트 위치는 거의 규칙적입니다. 다만, 불규칙한 악센트를 가진 단어들은 악센트 부호가 표시됩니다.

1 대부분 뒤에서 두 번째 모음에 악센트가 있습니다.

li**bro** [리브로]　　　　do**man**da [도만다]　　　　gentil**men**te [쩬틸멘테]

2 뒤에서 세 번째 모음에 악센트가 있는 경우도 있습니다.

semplice [쎔플리체]　　**po**lipo [폴리포]　　　　**si**mile [씨밀레]

3 위의 규칙에 해당하지 않는 경우, 보통 악센트 부호가 표시됩니다.

veri**tà** [붸리타]　　　　tri**bù** [트리부]　　　　cit**tà** [취타]

per**ché** [페르케]　　　　sa**rà** [사라]　　　　pi**ù** [피유]

인사·소개

Buongiorno, Gloria! Tutto bene?

안녕, 글로리아! 잘 지내지?

DIALOGO

🎧 1-1

Luca: **Buongiorno, Gloria, da quanto tempo! Tutto bene?**
부온죠르노, 글러리아, 다 콴토 템포! 툳토 배네?

Gloria: **Ciao, Luca. Da quanto! Tutto bene, grazie. E tu come stai?**
챠오, 루카. 다 콴토! 툳토 배네, 그랗치에. 에 투 코메 스타이?

Luca: **Sto benissimo, grazie.**
스토 베닛시모, 그랗치에.

Gloria: **Luca, questa è mia cugina Juni.**
루카, 퀘스타 애 미아 쿠지나 주니.

Luca: **Ciao Juni! Sono Luca. Piacere!**
챠오 주니! 쏘노 루카. 피아췌레!

Juni: **Ciao Luca. Sono Juni. Piacere mio.**
챠오 루카. 쏘노 주니. 피아췌레 미오.

루카: 안녕, 글로리아, 오랜만이야! 잘 지내지?

글로리아: 안녕, 루카. 이게 얼마만이야! 잘 지내, 고마워. 너는 어떻게 지내?

루카: 아주 잘 지내, 고마워.

글로리아: 루카, 이쪽은 내 사촌동생 주니야.

루카: 안녕 주니! 나는 루카야. 만나서 반가워!

주니: 안녕 루카. 나는 주니야. 나야말로 반가워.

VOCABOLARIO

da ~로부터

quanto 얼마나

il tempo 시간

tutto 모두의, 전부의 / 모든 것

bene (부사) 잘, 좋게

come 어떻게

benissimo 굉장히 좋게
(bene의 최상급)

questo / questa
이것, 이 사람

la cugina 사촌 (여)

il cugino 사촌 (남)

il piacere 즐거움, 기쁨, 호의

GRAMMATICA

1 명사의 성과 수

이탈리아어의 거의 모든 단어는 모음으로 끝나며, 모든 명사에는 성과 수가 있습니다. 명사의 마지막 모음에 따라 **남성과 여성**으로, 명사의 수에 따라 **단수와 복수**로 구분됩니다.

구분	단수	복수
남성	-o	-i
여성	-a	-e
남성 혹은 여성	-e	-i

1) -o로 끝나는 대부분의 명사 → 남성단수

   cielo 하늘   albero 나무   giorno 하루/낮   uomo 인간/남자   giardino 정원

2) -a로 끝나는 대부분의 명사 → 여성단수

   terra 땅   mattina 아침   sera 저녁   donna 여자   famiglia 가족   sicurezza 안전

3) 단수 형태가 -e로 끝나는 명사 → 남성인지 여성인지 사전에서 찾아보기

   • 남성단수: fiume 강   mare 바다   paese 국가/마을   sangue 피   amore 사랑
   • 여성단수: luce 빛   notte 밤   immagine 이미지/형상   voce 목소리   pace 평화

4) 단수에서 복수 만드는 법

   • -o로 끝나는 남성단수 명사의 어미를 -i로 교체
   albero 나무   →   alberi 나무들
   giorno 날   →   giorni 날들

   • -a로 끝나는 여성단수 명사의 어미를 -e로 교체
   mattina 아침   →   mattine 아침들
   donna 여자   →   donne 여자들

   • -e로 끝나는 남성 혹은 여성단수 명사의 어미를 -i로 교체
   paese 나라, 마을   →   paesi 나라들, 마을들
   luce 빛   →   luci 빛들

⊘ 명사의 끝에 악센트 기호가 있거나, 자음으로 끝나는 명사는 수의 변화를 하지 않습니다.

città 도시	→	città 도시들
università 대학교	→	università 대학교들
toast 토스트	→	toast 토스트들

2 명사와 관사, 형용사의 성·수 일치

명사는 앞에 붙는 관사와, 뒤에서 명사를 수식하는 형용사와 함께 명사구를 이룹니다. 명사구는 문장 인에서 주어, 보어, 목석어의 역할을 합니다. **관사와 형용사는 '명사의 성과 수'에** 일치합니다. 이는 각 어미의 **모음조화**를 위한 것입니다. 이탈리아어 명사구를 이해하기 위해 여기서는 간략히 예시만 살펴보고, 2과에서 관사와 형용사에 대해 더욱 자세히 살펴보겠습니다.

구분	단수		복수	
남성	il figlio prezioso	귀한 아들	i figli preziosi	귀한 아들들, 귀한 자녀들
	il vino rosso	붉은 와인	i vini rossi	붉은 와인들
	il colore luminoso	밝은 색	i colori luminosi	밝은 색들
여성	la figlia preziosa	귀한 딸	le figlie preziose	귀한 딸들
	la casa rossa	붉은 집	le case rosse	붉은 집들
	la luce luminosa	밝은 빛	le luci luminose	밝은 빛들

3 **이탈리아어의 문장 구조**

1) 평서문(긍정문)

평서문(긍정문)의 어순은 〈주어 + 동사 + 보어 / 주어 + 동사 + (목적어)〉입니다. 이탈리아어의 동사는 각 인칭과 수에 따라 변화하므로 주어의 생략이 가능합니다.

〈주어 + 동사 + 보어〉

Io sono innocente.	나는 결백하다.
Tu sei un grande.	너는 위대하다.

〈주어 + 동사 + (목적어)〉

Tu bevi un bicchiere di vino.	너는 와인 한 잔을 마신다.
Lui cammina lungo la strada.	그는 길을 따라 걷는다.

2) 부정문

부정문은 긍정문의 변화된 동사 앞에 부정어인 'NON'을 씁니다. 만일 동사 앞에 인칭대명사 목적격이나 재귀대명사가 있으면 바로 그 앞에 씁니다.

〈주어 + non 동사 + 보어〉

Io **non** sono innocente.	나는 결백하지 않다.
Tu **non** sei un grande.	너는 위대하지 않다.

〈주어 + non 동사 + (목적어)〉

Tu **non** bevi un bicchiere di vino.	너는 와인 한 잔을 마시지 않는다.
Lui **non** cammina lungo la strada.	그는 길을 따라 걷지 않는다.

3) 의문문

평서문/부정문에 물음표를 추가하고 억양을 올려줍니다. 또한 주어와 동사의 위치를 바꿀 수도 있습니다. 의문사를 사용할 때는 의문사가 문장의 맨 앞에 옵니다.

Io sono innocente**?**	내가 결백하니?
Tu sei grande**?**	너는 위대하니?
Bevi **tu** un bicchiere di vino?	너 와인 한 잔 마실래?
Perché lui cammina lungo la strada?	왜 그는 길을 따라 걸을까?

ESPRESSIONI 🎧 1-2

1 만났을 때 인사하기

Buongiorno.	안녕(하세요). [정중한 표현의 아침·오후 인사]
Buon pomeriggio.	안녕(하세요). [오후 인사, 잘 사용하지 않음]
Buonasera.	안녕(하세요). [저녁 인사(보통 17~18시부터 / 다만, 지역에 따라 14시부터 사용하기도 함)]
Buondì.*	안녕(하세요). [다소 비격식적인 아침·오후 인사]
Salve.	안녕(하세요). [비격식적으로 사용하는 인사말]
Ciao!	안녕! [친근감 있게 사용하는 비격식적 표현]
Benvenuto. / Benvenuta.	잘 왔어요. / 환영합니다.
Benvenuti. / Benvenute.	

TIP 아침, 점심, 저녁으로 구분하여 사용하는 공식적인 인사말입니다.

TIP Buongiorno 대신 사용할 수 있으나 격식있는 장소에서는 지양하는 표현입니다.

TIP 듣는 사람의 성과 수에 따라 다르게 말합니다. 즉, 환영받는 사람이 남성단수이면 benvenuto, 여성단수이면 benvenuta, 남성복수이면 benvenuti, 여성복수이면 benvenute를 사용합니다.

2 안부 묻고 답하기

안부를 묻고 답하는 표현은 인사말과 항상 함께 따라옵니다. 형식적인 경우가 많아 대답할 때는 단순히 'Sto bene, grazie, e tu?'라고 표현하면 되지만, 상대와의 친밀성 및 상태에 따라 더욱 다양한 표현으로 상세히 표현할 수 있습니다.

〈안부를 묻는 표현〉

Come sta? / Come stai?	잘 지내요? / 잘 지내?
→ 격식, 존칭 → 비격식, 비존칭	
Come va?	잘 지내(요)?
Come sta andando?	어떻게 되어 가나(요)?
(Va) Tutto bene?	잘 지내지(요)?
Tutto ok?	잘 지내지(요)?

〈안부에 답하는 표현〉

Io sto benissimo.	아주 좋아요.
Bene, grazie.	좋아요, 고마워요.
Tutto (va) bene, grazie.	전부 좋아요, 고마워요.
Tutto a posto, grazie.	전부 괜찮아요, 고마워요.
Abbastanza bene.	꽤 괜찮아요. (아주 좋지는 않다는 의미)
Adesso sto meglio.	지금은 좋아졌어요. (과거에 아팠거나 안 좋은 상태 이후)

TIP 해당 표현들은 존칭/비존칭으로 모두 사용 가능합니다. (편의상 존댓말로 표시)

Adesso sto molto meglio.	지금은 훨씬 좋아졌어요. (과거에 아팠거나 안 좋은 상태 이후)
Come al solito.	평소 같아요. (= 평범해요)
Non mi posso lamentare.	불평할 수 없네요. (= 나쁘지 않아요)
Non c'è male.	나쁘지 않아요.
Non bene.	좋지 않아요.

3 헤어질 때 인사하기

Buona giornata!	좋은 하루 보내기를!
Buona sera! / Buona serata!	좋은 저녁 보내기를!
Buona notte!	좋은 밤 보내기를!
Sogni d'oro!	좋은 꿈꾸기를!
Ciao!	안녕! (만났을 때, 헤어질 때 모두 사용)
Salve!	안녕! (만났을 때, 헤어질 때 모두 사용)
Ti saluto!	인사할게!
A* più tardi!	이따 보자! / 이따 봐요!
A dopo!	이따 보자! / 이따 봐요!
A domani!	내일 보자! / 내일 봐요!
A presto!	곧 보자! / 곧 봐요!
Alla prossima volta!	다음에 보자! / 다음에 봐요!
Arrivederci!	우리 또 만나자! / 우리 또 만나요! [두루 쓰이는 비격식 표현]
ArrivederLa!	또 뵙겠습니다! [사용 빈도수는 낮은 격식 표현]
Ci vediamo!	우리 또 보자(봅시다)!
Ci vediamo domani!	우리 내일 보자(봅시다)!
Ci sentiamo!	우리 연락하자(합시다)!
Ci sentiamo domani!	우리 내일 연락하자(합시다)!
Buon weekend!	좋은 주말 보내기를!
Buona domenica!	좋은 일요일 보내기를!
Buone vacanze!	좋은 휴가/방학 보내기를!
Buon viaggio!	좋은 여행 되기를!
Buon lavoro!	수고하세요!
Buono studio!	열심히 공부해!

📝 TIP
본래 전치사 a는 '~까지'라는 의미로 '~까지 잘 있어'라는 의미입니다.

APPROFONDIMENTO

🎧 1-3

Situazione ❶

상황 존칭을 사용하여 인사하기

A: Buonasera, professor Moretti. Come sta?
B: Buonasera, signora Fumagalli. Sto bene, grazie. E Lei?
A: Tutto a posto, grazie.

A: 안녕하세요, 모레티 교수님. 잘 지내셨어요?
B: 안녕하세요, 푸마길리 씨. 저야 잘 지내죠, 감사합니다. 교수님은요?
A: 전부 괜찮습니다, 감사합니다.

Situazione ❷

상황 친구와 헤어질 때

A: Giulia, ora ti saluto. Vado a casa a studiare.
B: Va bene. Buono studio e a domani!

A: 줄리아, 이제 인사할게. 나는 공부하러 집에 갈게.
B: 알겠어. 열심히 공부하고 내일 보자!

Situazione ❸

상황 오랜만에 친구를 우연히 만났을 때

A: Giulio! Ma guarda che sorpresa! Da quanto tempo che non ci
   vediamo?
B: No, non è possibile. Che bello rivederti!
A: Dai, ci sentiamo spesso!

A: 줄리오! 어머나 놀라워라! 우리가 얼마만에 다시 보는 거야?
B: 아니, 믿을 수가 없네. 너를 다시 보게 되어 기뻐!
A: 그래, 우리 자주 연락하자!

COMUNICHIAMO

◎ 앞에서 배운 표현들을 참고하여 문맥에 맞게 이탈리아어를 넣어 말해 보세요.

A: Salve Giorgia, come stai?   안녕 조르쟈, 잘 지내?

B: Tutto bene, grazie. E tu?   잘 지내지, 고마워. 너는?

1 A: Questa è mia sorella Giulia.   이쪽은 우리 언니 줄리아예요.

   B: _____   만나서 반가워요! 저는 ○○○이에요.

2 A: Buongiorno, come sta?   안녕하세요, 잘 지내세요?

   B: _____   불평할 수 없네요.

3 A: Vado a lavorare.   일하러 갈게요.

   B: _____   수고하세요!

4 A: Vado a studiare.   공부하러 갈게.

   B: _____   열심히 공부해!

5 A: Vado a dormire.   자러 갈게.

   B: _____   잘 자! 좋은 꿈 꿔!

ESERCIZI

1 다음 문장을 이탈리아어로 쓰고 말해 보세요.

1 A: 안녕, 줄리아. 잘 지내?

    ....

    B: 아주 잘 지내, 고마워. 너는?

    ....

    A: 나도 전부 괜찮아, 고마워.

    ....

2 A: 안녕하세요, 모레티 교수님. 어떻게 지내세요?

    ....

    B: 잘 지내요, 고마워요. 당신은요?

    ....

    A: 나쁘지 않아요. 감사합니다.

    ....

2 다음 빈칸을 채워 문장을 완성해 보세요.

1 안녕. 다음번에 또 만나요.

    .... Alla ....

2 즐거운 일요일 보내세요.

    Buona ....

3 우리는 선생님이 아니다.

    Noi .... siamo ....

4 이쪽은 내 사촌동생 주니야.

    Questa .... Juni.

5 지금은 훨씬 좋아졌어요.

    Adesso ....

DIALOGO

🎧 2-1

VOCABOLARIO

il piacere 즐거움, 기쁨, 호의

essere ~이다

chiamare ~을(를) 부르다

chiamarsi 스스로 부르다

la città 도시

molto 아주

moderno 현대적인

invece 반면, 한편

anche ~또한

bellissimo 아주 아름다운

bello 아름다운

studiare 공부하다

il/la cantante 가수

lirico 서정적인, 오페라의

il cantante lirico
성악가 (남)

la cantante lirica
성악가 (여)

fare 하다, 만들다

il/la pianista 피아니스트

allora 그러면

il/la musicista 음악가

Attilio: **Piacere, sono Attilio. Lei come si chiama?**
피아췌레 쏘노 아틸리오. 래이 코메 씨 키아마?

Gloria: **Buongiorno. Mi chiamo Gloria. Molto piacere.**
부온죠르노. 미 키아모 글러리아. 몰토 피아췌레.

Attilio: **Di dov'è lei?**
디 도봬 래이?

Gloria: **Io sono di Seul. Sono coreana. E lei?**
이오 쏘노 디 쎄울. 쏘노 코레아나. 에 래이?

Attilio: **Ah, di Seul! Seul è una città molto moderna. Io invece sono di Venezia.**
아, 디 쎄울! 쎄울 애 우나 취타 몰토 모대르나. 이오 인붸췌 쏘노 디 붸(v)낼치(z)아.

Gloria: **Anche Venezia è bellissima. E lei che cosa fa di bello? Studia?**
안케 붸낼치아 애 벨리씨마. 에 래이 케 커자(z) 퐈 디 밸로? 스투디아?

Attilio: **No, io sono cantante lirico. E lei che lavoro fa?**
노, 이오 쏘노 칸탄테 리리코. 에 래이 케 라보(v)로 퐈?

Gloria: **Io sono una pianista. Allora siamo musicisti!**
이오 쏘노 우나 피아니스타. 알로라 씨아모 무지(z)취스티!

아틸리오: 반가워요, 아틸리오예요. 당신의 이름은 무엇인가요?

글로리아: 안녕하세요. 제 이름은 글로리아예요. 정말 반갑습니다.

아틸리오: 어디 출신이세요?

글로리아: 저는 서울 사람이에요. 한국인입니다. 당신은요?

아틸리오: 아, 서울이요! 서울은 굉장히 현대적인 도시죠. 저는 반면에 베네치아 출신이에요.

글로리아: 베네치아도 정말 아름다운 곳이죠. 당신은 무슨 좋은 일을 하시나요? 공부하세요?

아틸리오: 아니요, 저는 성악가예요. 당신은 어떤 일을 하시나요?

글로리아: 저는 피아니스트예요. 그러니까 우리는 음악가들이네요!

GRAMMATICA

1 주격인칭대명사

주격인칭대명사는 주어의 역할을 하는 사람을 지칭하는 대명사로, 인칭과 수에 따라 구분됩니다.

구분	단수		복수	
1인칭	Io	나	Noi	우리
2인칭	Tu	너	Voi	너희, 당신들
3인칭	Lui	그	Loro	그들
	Lei	그녀		
	Lei	당신		

⊘ Tu는 비존칭으로 가까운 사이에 사용하고, Lei는 존칭형으로 공식적이거나 낯선 관계에서 사용합니다.

⊘ Lei는 의미상 2인칭이지만, 동사변형 시 3인칭 단수로 취급합니다.

2 형용사

형용사도 마찬가지로 어미변화를 하는데, 이탈리아어의 형용사는 크게 어미가 **-O인 형용사**, **-E인 형용사**로 나눌 수 있습니다. 형용사의 어미변화 표는 명사와 동일합니다.

구분	성	단수	복수	예시	
-O 형용사	남성	-o	-i	bravo	bravi
	여성	-a	-e	brava	brave
-E 형용사	남성/여성	-e	-i	elegante	eleganti

⊘ -O로 끝나는 형용사는 **성, 수 모두** 일치합니다.

　　bravo ragazzo 훌륭한 남자　　→ bravi ragazzi 훌륭한 남자들

　　brava ragazza 훌륭한 여자　　→ brave ragazze 훌륭한 여자들

⊘ -E로 끝나는 형용사는 **수만** 일치합니다.

　　ragazzo elegante 세련된 남자　→ ragazzi eleganti 세련된 남자들

　　ragazza elegante 세련된 여자　→ ragazze eleganti 세련된 여자들

3 부정관사

부정관사는 불특정한 것을 처음 지칭할 때 쓰며, 단수 형태만 있습니다. 이탈리아어의 숫자 1(Uno)의 어미변화로 생각하면 이해하기 쉽습니다. '하나의', '어떤'의 의미를 가지며, 항상 명사의 성과 수에 일치합니다.

구분	단수	예시
남성	Un	un sole, un albero, un momento
	Uno	uno spirito, uno psicologo, uno gnocco, uno xenofobo, uno yogurt, uno zaino
여성	Una	una stella, una persona, una conversazione
	Un'	un'amica, un'italiana, un'isola

⊘ UNO는 'S + 자음', 'PS, GN, X, Y, Z로 시작하는 남성단수 명사' 앞에 사용합니다.

⊘ UN'은 '모음으로 시작하는 여성명사' 앞에 사용합니다.

4 정관사

정관사는 앞에서 언급한 명사를 다시 언급할 때, 유일하거나 명백한 지시대상, 지시적 사용, 지명 등에 사용합니다. 항상 명사의 성과 수에 일치합니다.

구분	단수	복수	예시
남성	Il	I	il mondo → i mondi
	Lo / L'	Gli	lo spaghetto → gli spaghetti / l'aiuto → gli aiuti
여성	La / L'	Le	la paura → le paure / l'esperienza → le esperienze

⊘ LO는 'S + 자음', 'PS, GN, X, Y, Z로 시작하는 남성단수 명사' 앞에 사용되며, 복수형은 GLI입니다.

⊘ L'는 '모음으로 시작하는 모든 남성, 여성 단수명사' 앞에 사용되며, 복수형은 각각 GLI와 LE입니다.

5 **ESSERE 동사(~이다, 있다)의 직설법 현재**

Essere 동사는 직업, 국적, 성격 등 **본질적인 것**을 표현할 때 사용합니다. Essere 뒤에 형용사 및 과거분사가 나올 때는 반드시 주어의 성과 수에 일치합니다. 주격인칭대명사는 동사를 통해 유추 가능한 경우 생략할 수 있습니다. 추후 과거시제 및 수동태에서 조동사로 사용되니 반드시 외워두어야 합니다.

구분	단수		복수	
1인칭	Io	sono	Noi	siamo
2인칭	Tu	sei	Voi	siete
3인칭	Lui	è	Loro	sono
	Lei			
	Lei			

Tu sei alto.	너는 키가 크다. (남)
Tu sei alta.	너는 키가 크다. (여)
Il mondo è bello.	세상은 아름답다.
Il cielo è azzurro.	하늘은 하늘색이다.
La terra è ampia.	땅이 광활하다.
La figlia è preziosa.	딸이 소중하다.

〈ESSERE DI 명사〉 용법

전치사 di(~의)를 사용하여 소유, 재료, 출신을 나타냅니다.

- 소유   Questa penna **è di Luca**.   이 펜은 루카의 것이다.
- 재료   Le scarpe **sono di cuoio**.   신발은 가죽으로 만들어졌다.
- 출신   Raffaello **è di Urbino**.   라파엘로는 우르비노 출신이다.

6 **STARE 동사(~이다, 있다)의 직설법 현재**

Stare 동사는 **일시적인 상태(외모, 옷차림, 심리상태 등)**를 표현할 때 사용합니다. 안부를 묻는 표현 및 진행시제에서 사용되는 조동사로 Stare 동사 뒤에 형용사 및 과거분사가 나올 때 반드시 주어의 성과 수에 일치합니다. 직설법 현재의 변화는 다음 표와 같습니다.

구분	단수		복수	
1인칭	Io	sto	Noi	stiamo
2인칭	Tu	stai	Voi	state
3인칭	Lui			
	Lei	sta	Loro	stanno
	Lei			

Stare bene/male   상태가 좋다/나쁘다 (bene와 male는 부사)

Come stai?   어떻게 지내니?

Io sto bene, e tu?   나는 잘 지내, 너는?

Stai proprio bene con questa gonna.   너는 딱 이 치마와 어울린다.

Io sto attenta.   나는 주의를 기울인다.

Perché stai in silenzio?   너는 왜 침묵하니?

7 CHIAMARSI 동사(스스로를 부르다)의 직설법 현재

'자기가 자기 스스로를 부르다'라는 뜻의 재귀동사입니다. 재귀동사와 관련해서는 12과
에서 자세히 살펴보고, 이번 과에서는 이름을 묻고 표현하는 방법에 대해 살펴보겠습니
다. 이때 주격인칭대명사는 생략하여 말합니다.

구분	단수		복수	
1인칭	Io	mi chiamo	Noi	ci chiamiamo
2인칭	Tu	ti chiami	Voi	vi chiamate
3인칭	Lui			
	Lei	si chiama	Loro	si chiamano
	Lei			

Come si chiama lui?   그의 이름이 어떻게 되나요?

Si chiama Luciano Pavarotti.   루치아노 파바로티입니다.

Come si chiama lei?   그녀의 이름이 어떻게 되나요?

Si chiama Maria Callas.   마리아 칼라스입니다.

Signore, come si chiama?   선생님, 성함이 어떻게 되십니까?

Mi chiamo Giuseppe Verdi.   제 이름은 주세페 베르디입니다.

29

ESPRESSIONI

1 국가명과 국적형용사

국가명 (il paese)		수도 (la capitale)	국적형용사 (la nazionalità)	
			남성	여성
Corea (del Sud)	대한민국	Seul	coreano	coreana
Italia	이탈리아	Roma	italiano	italiana
Spagna	스페인	Madrid	spagnolo	spagnola
Polonia	폴란드	Varsavia	polacco	polacca
Germania	독일	Berlino	tedesco	tedesca
Svizzera	스위스	Berna	svizzero	svizzera
Gli Stati Uniti (d'America)	미국	Washington	statunitense	statunitense
Inghilterra	영국	Londra	inglese	inglese
Francia	프랑스	Parigi	francese	francese
Portogallo	포르투갈	Lisbona	portoghese	portoghese
Giappone	일본	Tokyo	giapponese	giapponese
Cina	중국	Pechino	cinese	cinese
Russia	러시아	Mosca	russo	russa
Israele	이스라엘	Gerusalemme	israeliano	israeliana
Egitto	이집트	Cairo	egiziano	egiziana
Marocco	모로코	Rabat	marocchino	marocchina
Turchia	터키	Ankara	turco	turca
Brasile	브라질	Brasilia	brasiliano	brasiliana
Europa	유럽	-	europeo	europea
Asia	아시아	-	asiatico	asiatica
America	아메리카	-	americano	americana
Oceania	오세아니아	-	oceaniano	oceaniana
Africa	아프리카	-	africano	africana
Antartide	남극	-	antartico	antartica
Medio Oriente	중동		mediorientale	mediorientale

2 출신 묻고 답하기

(Tu)	Di dove sei?	어디 출신이니?
(Lei)	Di dov'è?	어디 출신이에요?
(Tu)	Da dove vieni?	어디서 왔니?
(Lei)	Da dove viene?	어디서 오셨어요?

- **Essere di** + 도시이름
  Sono di Seul.   저는 서울 출신입니다.
  Lui è di Milano.   그는 밀라노 출신입니다.

- **Essere** + 국적형용사
  Sono coreano/a.   저는 한국인입니다.
  Lui è italiano.   그는 이탈리아인입니다.

- **Venire da** + 정관사 + 국가명
  Io vengo dalla Corea del Sud.   저는 한국에서 왔습니다.
  Io vengo dall'Italia.   저는 이탈리아에서 왔습니다.

3 직업 묻고 답하기

(Tu)	Che cosa fai di bello?	무슨 일을 하니?
(Lei)	Che cosa fa di bello?	무슨 일을 하세요?
(Tu)	Che lavoro fai?	무슨 일을 하니?
(Lei)	Che lavoro fa?	무슨 일을 하세요?

- **Essere** + 부정관사 + 직업이름
  Sei un avvocato.   너는 변호사입니다.
  Lui è un dentista.   그는 치과의사입니다.

- **Fare** + 정관사 + 직업이름
  Io faccio il cantante lirico.   저는 성악가입니다. (남)
  Faccio la pianista.   저는 피아니스트입니다. (여)

4 직업 관련 단어

1) 남성과 여성이 -ente, -ante, -ista로 동일한 형태

남성	여성	의미
il dipend**ente**	la dipend**ente**	직원
l'insegn**ante**	l'insegn**ante**	교사
il doc**ente**	la doc**ente**	강사, 교사
l'estet**ista**	l'estet**ista**	피부관리사
il giornal**ista**	la giornal**ista**	기자
il farmac**ista**	la farmac**ista**	약사

2) 남성의 어미 → 여성일 때 -a

남성	여성	의미
il camer**iere**	la camer**iera**	종업원
l'ingegn**ere**	l'ingegn**era**	엔지니어
l'infermi**ere**	l'infermi**era**	간호사
il medic**o**	la medic**a**	의사
l'impiegat**o**	l'impiegat**a**	사원
il cuoc**o**	la cuoc**a**	요리사
il pizzaiol**o**	la pizzaiol**a**	피자 요리사

3) 남성의 어미 → 여성일 때 -essa, -trice

남성	여성	의미
il profess**ore**	la profess**oressa**	교수
il dott**ore**	la dott**oressa**	학자, 학사, 박사
il calcia**tore**	la calcia**trice**	축구선수
l'at**tore**	l'at**trice**	배우
lo scrit**tore**	la scrit**trice**	작가
il tradut**tore**	la tradut**trice**	번역가
il pit**tore**	la pit**trice**	화가

APPROFONDIMENTO

🎧 2-3

Situazione ❶

상황 이름과 성 묻고 답하기

A: Buongiorno, signore. Come si chiama?
B: Buongiorno. Mi chiamo Giulio.
A: E il suo cognome, per favore.
B: Il cognome è Ripamonti.

A: 안녕하세요, 선생님. 존함이 어떻게 되십니까?
B: 안녕하세요. 제 이름은 줄리오입니다.
A: 성도 부탁드립니다.
B: 성은 리파몬티입니다.

Situazione ❷

상황 직업 묻고 답하기

A: Che lavoro fai? Sei uno studente?
B: No, non sono uno studente. Sono un pittore. E tu?
A: Io invece sono una violinista.
B: Che bello! Allora fai la musicista!

A: 무슨 일을 하니? 학생이니?
B: 아니, 나는 학생이 아니야. 나는 화가야. 너는?
A: 반면에 나는 바이올리니스트야.
B: 멋지다! 그럼 음악가구나!

33

COMUNICHIAMO

⊙ **ESSERE, STARE, CHIAMARSI 동사를 현재형으로 변화시켜 다음 대화를 완성하고 말해 보세요.**

A: Ciao, piacere! Io 1 _____ (essere).
Come 2 _____ (chiamarsi, tu)?
안녕, 반가워! 나는 ○○○이야. 네 이름이 뭐니?

B: Ciao, piacere! 3 _____ (chiamarsi, io).
안녕, 반가워! 내 이름은 ○○○이야.

A: Di dove 4 _____ (essere)?
어디 출신이니?

B: Dai, prova a indovinare!
자, 맞춰봐!

A: 5 _____ (essere) Parigi?
너는 파리 출신이니?

B: No, non 6 _____ (essere) francese.
아니, 나는 프랑스 사람이 아니야.

A: 7 _____ (essere) portoghese?
포르투갈 사람이니?

B: Sì. 8 _____ (essere) portoghese. 9 _____
(essere) di Lisbona.
맞아. 나는 포르투갈 사람이야. 리스본 출신이야.

A: Che bello! Che lavoro fai di bello? Studi?
멋있다! 어떤 일을 하니? 공부하니?

B: No, io non 10 _____ (essere) studente(ssa).
11 _____ (essere).
아니, 나는 학생이 아니야. 나는 _____ (이)야.

ESERCIZI

◎ 다음 명사의 복수형을 만들어 보세요.

┤ ESEMPIO ├

la mostra → le mostre   전시회

1	il ragazzo	→	.... 소년, 젊은 남자
2	la ragazza	→	.... 소녀, 젊은 여자
3	il bambino	→	.... 남자아이
4	la bambina	→	.... 여자아이
5	il sogno	→	.... 꿈
6	il libro	→	.... 책
7	lo studente	→	.... 남학생
8	la studentessa	→	.... 여학생
9	lo zaino	→	.... 배낭, 가방
10	la voce	→	.... 목소리, 항목
11	il mare	→	.... 바다
12	lo spaghetto	→	.... 스파게티
13	l'università	→	.... 대학교
14	l'amico	→	.... 친구 (남자)
15	l'amica	→	.... 친구 (여자)

UNITÀ 03

나이·숫자

Indovina! Quanti anni ho?

맞춰봐요! 몇 살일까요?

DIALOGO 🎧 3-1

Matteo:	**Quanti anni hai?**
	콴티 안니 아이?
Gloria:	**Indovina! Quanti anni ho?**
	인도비나! 콴디 안니 어?
Matteo:	**Boh, secondo me hai meno di trenta anni. Forse hai ventotto anni?**
	보, 세콘도 메 아이 메노 디 트렌타 안니. 포르쎄 아이 뷀텉토 안니?
Gloria:	**No, di meno.**
	노, 디 메노.
Matteo:	**Hmm, allora ne hai solo ventitré?**
	음, 알로라 네 아이 쏠로 뷀티트레?
Gloria:	**Ma dai, non sono così giovane. Ne ho di più!**
	맏다이, 논 쏘노 코지(z) 죠봐네. 네 어 디 퓨!
Matteo:	**Ah, ne hai ventisei!**
	아, 네 아이 뷀티쎄이!
Gloria:	**Esatto. E tu, invece, quanti anni hai?**
	에잩토. 에 투, 인붸체, 콴티 안니 아이?
Matteo:	**Abbiamo la stessa età. Siamo proprio coetanei.**
	압비아모 라 스텟사 에타. 씨아모 프러프리오 코에타네이.

VOCABOLARIO

quanto 얼마나

l'anno 해, 년, 연도, 나이

indovinare 추측하다, 알아맞히다

secondo ~에 따라, ~대로

meno 보다 적게 / 빼기

forse 아마

allora 그러면

solo 하나의, 단지, 오직

così 그렇게

giovane 젊은

più 더 이상 / 더하기

esatto 정확한

stesso 동일한, 같은

l'età 나이

proprio avv. 바로, 정확히

coetaneo 같은 해의, 같은 나이의

마태오: 몇 살이니?

글로리아: 맞춰봐! 나는 몇 살일까?

마태오: 글쎄, 내 생각에 너는 30살 이하야. 아마 28살인가?

글로리아: 아니야, 더 적어.

마태오: 흠, 그러면 단지 23살이니?

글로리아: 아유 참, 그렇게 어리지는 않아. 그 이상이야!

마태오: 아, 26살이구나!

글로리아: 맞아. 그러면 너는 몇 살이니?

마태오: 우리 같은 나이야. 우리는 바로 동갑이야.

36

GRAMMATICA

1 AVERE 동사(가지다)의 직설법 현재

Avere 동사는 소유를 나타내며, 상태나 묘사를 표현할 때 사용하기도 합니다. 과거시제에서 조동사로 사용되므로 반드시 외워두어야 합니다.

구분	단수		복수	
1인칭	Io	ho	Noi	abbiamo
2인칭	Tu	hai	Voi	avete
3인칭	Lui	ha	Loro	hanno
	Lei			
	Lei			

Ho cinque euro.	나는 5유로를 가지고 있다.
Abbiamo una speranza.	우리는 희망을 가지고 있다.
Ho molte cose da fare.	나는 할 일이 많다.
Hai ragione.	네 말이 맞아.
Ho tanta voglia di viaggiare.	여행을 너무 하고 싶다.

2 숫자 - 기수

TIP
• 숫자를 읽는 방법은 한국어와 같습니다. 십의 단위를 읽고 일의 자리를 읽어주면 됩니다.
• 이탈리아어는 한국어와 반대로 자릿수를 표기할 때 온점(.)을 사용하고, 소수점을 표기할 때 반점(,)을 사용합니다.

0	zero	10	dieci
1	uno	11	undici
2	due	12	dodici
3	tre	13	tredici
4	quattro	14	quattordici
5	cinque	15	quindici
6	sei	16	sedici
7	sette	17	diciassette
8	otto	18	diciotto
9	nove	19	diciannove

37

20	venti	30	trenta
21	ventuno	31	trentuno
22	ventidue	32	trentadue
23	ventitré	33	trentatré
24	ventiquattro	34	trentaquattro
25	venticinque	35	trentacinque
26	ventisei	36	trentasei
27	ventisette	37	trentasette
28	ventotto	38	trentotto
29	ventinove	39	trentanove
40	quaranta	70	settanta
50	cinquanta	80	ottanta
60	sessanta	90	novanta
100	cento	1.000	mille
200	duecento	2.000	duemila
300	trecento	3.000	tremila
400	quattrocento	4.000	quattromila
500	cinquecento	5.000	cinquemila
600	seicento	6.000	seimila
700	settecento	7.000	settemila
800	ottocento	8.000	ottomila
900	novecento	9.000	novemila

 TIP

1.945 mille novecento quaranta cinque

10.000	diecimila	10.000.000	dieci milioni
90.000	novantamila	90.000.000	novanta milioni
100.000	centomila	100.000.000	cento milioni
900.000	novecentomila	900.000.000	novecento milioni
1.000.000	un milione	1.000.000.000	un miliardo
2.000.000	due milioni	2.000.000.000	due miliardi
5.000.000	cinque milioni	3.000.000.000	tre miliardi

TIP

표에는 편의상 띄어쓰기를 했으나, 100만 전까지는 모든 숫자를 붙여쓰는 것이 원칙입니다. 그러나 큰 숫자를 글자로 표기하는 일은 드물기 때문에 읽는 방법을 잘 익혀두어야 합니다.

3 숫자 - 서수

서수는 -o로 끝나는 형용사이므로 수식해주는 명사의 성과 수에 따라 일치합니다. 서수를 만드는 방법은 11부터 -esimo를 붙여줍니다.

1°, 1ª	primo/a	11°, 11ª	undicesimo/a
2°, 2ª	secondo/a	12°, 12ª	dodicesimo/a
3°, 3ª	terzo/a	13°, 13ª	tredicesimo/a
4°, 4ª	quarto/a	14°, 14ª	quattordicesimo/a
5°, 5ª	quinto/a	15°, 15ª	quindicesimo/a
6°, 6ª	sesto/a	16°, 16ª	sedicesimo/a
7°, 7ª	settimo/a	17°, 17ª	diciassettesimo/a
8°, 8ª	ottavo/a	18°, 18ª	diciottesimo/a
9°, 9ª	nono/a	19°, 19ª	diciannovesimo/a
10°, 10ª	decimo/a	20°, 20ª	ventesimo/a

La prima persona — 첫 번째 사람

Il primo giorno — 첫 날

L'ufficio è al quinto piano. — 사무실은 5층에 있습니다.

Quante ottave ha un pianoforte? — 피아노는 몇 개의 옥타브를 가지고 있을까요?

Ha un'estensione di 7 ottave. — 7개의 옥타브 범위를 가지고 있습니다.

ESPRESSIONI

🎧 3-2

1 숫자 관련 표현

Q: Qual è il tuo numero di telefono? 너의 전화번호는 무엇이니?

Q: Qual è il suo numero di telefono? 당신의 전화번호는 무엇인가요?

A: Il mio numero è 316 112 7521. 제 번호는 316 112 7521입니다.

Q: Qual è il numero dei carabinieri? 카라비니에리번호가 무엇인가요?

A: È 112. 112입니다.

Q: Qual è il prefisso telefonico di Milano? 밀라노의 지역번호가 무엇인가요?

A: È 02. 02입니다.

Q: A che anno sei? 몇 학년이니?

A: Sono al secondo anno. 2학년이야.

Q: Quanti anni hai? 몇 살이니?

A: Ho 38 anni. 38살이야.

carabinieri
국방부소속 경찰

i numeri pari	짝수	i numeri dispari	홀수
il calcolo	계산	il conto	계산서
l'addizione	덧셈	la sottrazione	뺄셈
la moltiplicazione	곱셈	la divisione	나눗셈

un centimetro	1 센티미터	un metro	1 미터
un chilometro	1 킬로미터	un grammo	1 그램
un etto	100 그램	un chilogrammo	1 킬로그램
un litro	1 리터	un metro quadrato	1 제곱미터

APPROFONDIMENTO

🎧 3-3

Situazione 1

상황 나이 묻고 답하기

A: Quanti anni ha tuo nonno?
B: Mio nonno ha 89 anni.
A: Anche mio nonno ne ha 89.
B: Allora loro sono coetanei.

A: 너의 할아버지는 연세가 어떻게 되시니?
B: 우리 할아버지는 89세셔.
A: 우리 할아버지도 89세셔.
B: 그럼 두 분이 동갑이시구나.

Situazione 2

상황 수량 요청하기

A: Buongiorno. Un etto di bresaola, per favore.
B: Eccola. Qualcos'altro?
A: Sì, due etti di prosciutto di Parma e cinque etti di gorgonzola, per piacere.

A: 안녕하세요. 브레사올라 100그램 부탁합니다.
B: 여기 있습니다. 다른 것은요?
A: 네, 파르마산 프로슈토 200그램과 고르곤졸라 치즈 500그램 부탁드려요.

bresaola
염지 가공한 소고기 식품

41

COMUNICHIAMO

◉ **AVERE 동사를 사용한 표현으로 다음 대화를 완성하고 말해 보세요.**

1

A: Quanti anni _____ (avere, tu)?
몇 살이니?

B: _____ (avere, io) anni.
나는 _____ 살이야.

2

A: Per caso _____ (avere fame, tu)?
혹시 배고프니?

B: Sì, _____ (avere, io) un po' di fame.
응, 배가 조금 고파.

A: _____ (avere voglia di, tu) mangiare
qualcosa?
무언가를 먹고 싶니?

B: Sì, volentieri. Anche _____ (avere sete, io).
응, 그러면 좋지. 목도 말라.

A: Allora andiamo in un bar.
그러면 카페에 가자.

3

A: Va tutto bene?
괜찮아?

B: Non tanto. _____ (avere, io) mal di testa.
그다지 좋지 않아. 머리가 아파.

A: _____ (avere, io) l'aspirina. Tieni!
내가 아스피린을 갖고 있어. 여기 받아!

ESERCIZI

① 다음 숫자를 이탈리아어로 쓰세요.

| ESEMPIO |

78 → settantotto

1 83 → _____   2 16 → _____

3 47 → _____   4 67 → _____

5 76 → _____   6 25 → _____

7 58 → _____   8 91 → _____

9 32 → _____   10 100 → _____

② 다음 빈칸에 AVERE를 직설법 현재로 변화시켜 문장을 완성해 보세요.

1 Io _____ sete.   나는 목이 마르다.

2 _____ fortuna.   우리는 복이 있다.

3 Matteo è giovane,   마태오는 어린데,
   _____ 19 anni.   19살입니다.

4 Tu _____ voglia   너는 이탈리아로
   di viaggiare in Italia.   여행하고 싶다.

5 Noi _____ due figli preziosi.   우리는 소중한 자녀가
                                                            두 명 있다.

6 Loro _____ tante cose da fare.   그들은 할 일이 많다.

7 Voi _____ mal di pancia.   너희는 배가 아프다.

8 Tu _____ ragione.   네 말이 옳다.

9 Io non _____ paura.   나는 두렵지 않다.

10 Laura non _____ fretta.   라우라는 서두르지 않는다.

삶·학업

Amo la vita, quindi sorrido sempre.

저는 삶을 사랑하기 때문에 항상 웃어요.

DIALOGO

🎧 4-1

Luca: **Abiti qui a Milano?**
아비티 퀴 아 밀라노?

Juni: **Sì, abito qui.**
씨, 아비토 퀴.

Luca: **Cosa fai di bello? Lavori?**
커자(z) 퐈이 디 밸로? 라보리?

Juni: **No, studio. Frequento il corso di laurea triennale all'Accademia di Belle Arti di Brera.**
노, 스투디오. 프레퀜토 일 코르쏘 디 라우레아 트리엔나레 알락카데미아 디 밸레 아르티 디 브래라.

Luca: **Che bello! Che cosa studi?**
케 밸로! 케 커자(z) 스투디?

Juni: **Studio decorazione. Al corso noi dipingiamo tanto e impariamo storia dell'arte. E tu?**
스투디오 데코랕치(z)오네. 알 코르쏘 노이 디핀쥐아모 탄토 에 임파리아모 스토리아 델라르테. 에 투?

Luca: **Invece io frequento il corso di laurea magistrale di architettura al Politecnico.**
인붸체 이오 프레퀜토 일 코르쏘 디 라우레아 마쥐스트라레 디 아르키텔투라 알 폴리테크니코.

Juni: **Ah, che bravo! Sei contento della vita a Milano?**
아, 케 브라보! 쌔이 콘탠토 델라 뷔타 아 밀라노?

Luca: **Sì, certo. Amo la vita a Milano, quindi sorrido sempre.**
씨, 좨르토. 아모 라 뷔타 아 밀라노, 퀸디 쏘리(rr)도 쌤프레.

Juni: **Pure io adoro la vita qui e sono felice.**
푸레 이오 아도로 라 뷔타 퀴 에 쏘노 퓔리체.

contento
만족스러운, 즐거운

la vita 생명, 삶, 생활

certo 확실한

amare 사랑하다

sorridere 미소 짓다, 웃다

sempre 항상

pure io (= anch'io)
나 또한

anche 또한

adorare 사랑하다, 찬송하다

felice 행복한

루카: 이곳 밀라노에 거주하니?

주니: 응, 이곳에 살아.

루카: 무슨 좋은 일을 하니? 일하니?

주니: 아니, 공부해. 브레라 미술학교 3년제 학사과정에 다니고 있어.

루카: 멋있다! 무슨 공부를 하니?

주니: 장식미술을 공부해. 수업에서 우리는 그림도 많이 그리고 미술사도 배워. 너는?

루카: 반면에 나는 폴리테크니코에서 건축학 석사과정에 재학 중이야.

주니: 아, 훌륭하다! 너는 밀라노 생활에 만족하니?

루카: 그럼, 당연하지. 나는 밀라노에서의 삶을 사랑하기에 항상 웃어.

주니: 나도 이곳의 삶을 사랑하고 행복해.

GRAMMATICA

1 이탈리아어 동사

이탈리아어의 동사는 어미가 **-are, -ere, -ire**로 크게 세 개의 군으로 나누어집니다. 이때, 각 동사가 **법과 시제**에 따라 변화할 때 어간(어미의 앞부분)이 변하지 않는 것을 규칙변화라고 합니다. 이탈리아어 동사에는 '직설법, 접속법, 명령법, 조건법' 4개의 법이 있습니다(각각의 법에 대해서는 해당 과와 동영상 강의에서 자세히 다룰 예정). '직설법'은 객관적이며 실제적인 내용을 나타낼 때 사용합니다. 지금부터는 동사의 **직설법 현재시제**에 대해 살펴보겠습니다.

2 이탈리아어 동사 - 직설법 현재시제 규칙변화

주격인칭대명사		-ARE		-ERE		-IRE	
Io	Noi	-o	-iamo	-o	-iamo	-o	-iamo
Tu	Voi	-i	-ate	-i	-ete	-i	-ite
Lui, Lei Lei	Loro	-a	-ano	-e	-ono	-e	-ono

주격인칭대명사		AMARE (사랑하다)		LEGGERE (읽다)		APRIRE (열다)	
Io	Noi	amo	amiamo	leggo	leggiamo	apro	apriamo
Tu	Voi	ami	amate	leggi	leggete	apri	aprite
Lui, Lei Lei	Loro	ama	amano	legge	leggono	apre	aprono

| 현재시제의 용법 |

1) 현재의 습관을 나타낼 때

Ogni mattina **leggo** il libro.
아침마다 책을 읽는다.

Di solito **pranziamo** alle 13.00.
보통 오후 1시에 점심식사를 한다.

2) 현재의 사실을 나타낼 때

Io amo mio padre.
나의 아버지를 사랑한다.

Lavoro in una palestra.
나는 헬스장에서 일한다.

3) 가까운 미래를 나타낼 때

Gli esami **iniziano** dalla prossima settimana.
다음주부터 시험이 시작된다.

Questa domenica **preghiamo** in chiesa.
이번 주 일요일에 교회에서 기도한다.

3 필수규칙동사

⟨-ARE⟩

mangiare	먹다	amare	사랑하다
aiutare	도와주다	viaggiare	여행하다
aspettare	기다리다, 기대하다	abitare	거주하다
lavorare	일하다	imparare	배우다
insegnare	가르치다	studiare	공부하다
frequentare	다니다	parlare	말하다

⟨-ERE⟩

chiudere	닫다	chiedere	묻다
rispondere	대답하다	vedere	보다
mettere	놓다	credere	믿다
sorprendere	놀라게 하다	prendere	취하다, 잡다
premere	누르다	vivere	살다
scrivere	글을 쓰다	sorridere	미소 짓다

〈-IRE〉

aprire	열다	sentire	듣다
partire	떠나다	dormire	자다
soffrire	고통을 겪다	seguire	따르다

4 지시형용사/지시대명사

지시형용사/지시대명사는 명사의 성과 수에 일치합니다.

| 이~ / 이것, 이 사람 |

구분	단수	복수
남성	Questo (quest')	Questi
여성	Questa (quest')	Queste

| 그, 저~ |

구분	단수	복수
남성	Quel, Quello, Quell'	Quei, Quegli
여성	Quella, Quell'	Quelle

TIP
Quello는 정관사처럼 변합니다.

| 그것, 저것 / 그, 저 사람 |

구분	단수	복수
남성	Quello	Quelli
여성	Quella	Quelle

Questo è il metodo più efficace.　　　　이것이 가장 효율적인 방법이다.

Questa storia è molto importante.　　　　이 이야기는 정말 중요하다.

Quello è un bravo ragazzo.　　　　그는 착한 사람이다.

Quelle persone sono importanti.　　　　저 사람들은 중요하다.

Quel libro è meraviglioso.　　　　저 책은 훌륭하다.

Luca guarda i fiori con quegli occhi grandi.　　루카는 그 큰 눈으로 꽃을 쳐다본다.

Quell'università ha molti studenti.　　　　그 대학교에는 많은 학생이 있다.

ESPRESSIONI

🎧 4-2

1 학업을 나타내는 표현

Q: Cosa studi?   무슨 공부를 하니?
A: Studio _____.   _____을(를) 공부해.

economia	경제학
farmacia	약학
teologia	신학
politica	정치학
giurisprudenza	법학
arte	미술
canto (lirico)	노래 (성악)
architettura	건축
archeologia	고고학

2 대학교/학교 관련 단어

diplomato	(고등학교) 졸업한	laureato	(대학교) 졸업한
universitario	대학교의	didattico	교육의, 교육적인
biennio	2년제의	triennale	3년제의
quadriennale	4년제의	l'ateneo	대학, 고등연구기관
l'istituto	교육기관, 기관	l'accademia	아카데미
l'università	대학교	la facoltà	단과대학
il conservatorio	음악학교	la biblioteca	도서관
il campus	캠퍼스	la città universitaria	캠퍼스

la prova	시험, 테스트	l'esame	시험
l'esame di ammissione	입학시험	l'insegnamento	과목, 교육
la bacheca	게시판	il tirocinio	인턴십
il piano di studi	수강계획	la matricola	학번, 등록
il colloquio	면접	l'anno accademico (a.a.)	학년도
il calendario accademico	학사일정	l'ammissione	입학
l'iscrizione	지원	il bando	공고
i CFU (i Crediti Formativi Universitari)			학점

APPROFONDIMENTO

🎧 4-3

Situazione ❶

상황 구사하는 언어 말하기

A: Che lingue parli?
B: Parlo il coreano, l'inglese e l'italiano.

A: 어떤 언어를 하니?
B: 한국어랑 영어, 이탈리아어를 구사해.

Situazione ❷

상황 대학교 정보에 대해 얘기하기

A: Cerco delle informazioni sull'ammissione.
B: Prova a leggere questo bando di ammissione sul sito.
A: È in italiano, quindi non capisco bene.
B: Ok, ti aiuto. Devi fare un esame scritto e un colloquio orale.

A: 나는 입학에 관한 정보를 찾고 있어.
B: 홈페이지에 있는 이 입학 공고를 읽어봐.
A: 이탈리아어로 되어 있어서 이해가 되지 않네.
B: 그래, 너를 도와줄게. 서술형 시험 하나와 면접을 봐야 해.

Situazione ❸

상황 학업에 대해 얘기하기

A: Cosa insegna la professoressa Gironi?
B: Lei insegna archeologia medievale.
A: Come sono gli esami?
B: Sono sempre esami orali e sono difficili.

A: 지로니 교수님은 뭘 가르치셔?
B: 중세 고고학을 가르치셔.
A: 시험은 어때?
B: 항상 구술시험이고 어려워.

COMUNICHIAMO

◎ 주어진 동사를 알맞게 변형시켜 다음 대화를 완성하고 말해 보세요.

1

A: Dove _____ (lavorare)?   어디서 일하시나요?

B: Lavoro al Teatro alla Scala.   스칼라 극장에서 일해요.

2

A: _____ (vendere) una televisione di Samsung su Dangun Market.
당근 마켓에서 삼성 TV를 판매하네.

B: Veramente? Quanto _____ (costare)?
정말로? 얼마야?

A: _____ (costare) solo 90 euro. Che dici, la _____ (comprare)?
가격은 90 유로야. 어떻게 생각해, 살까?

3

A: Dove _____ (abitare)?   어디에 거주하니?

B: _____ (abitare) a roma.   로마에 거주해.

4

A: _____ (prendere) un caffè o un tè?
여러분은 커피나 차를 마실 겁니까?

B: _____ (prendere) un caffè macchiato.
저희는 카페 마키아토를 마시겠습니다.

5

A: Che tipo di musica _____ (ascoltare)?
어떤 종류의 음악을 듣니?

B: _____ (ascoltare) musica classica.
클래식 음악을 들어.

51

ESERCIZI

◉ 다음 빈칸에 들어갈 알맞은 동사의 형태를 쓰세요.

1 Laura e Giovanni _____ (prendere) il treno alle diciotto.
   라우라와 죠반니는 18시에 기차를 탑니다.

2 Io _____ (lavorare) dalle 9 alle 18.
   저는 9시부터 18시까지 일을 합니다.

3 Il medico _____ (curare) i pazienti.
   의사는 환자들을 치료합니다.

4 Paolo _____ (parlare) l'inglese e l'italiano.
   파올로는 영어와 이탈리아어를 말합니다.

5 Gli studenti _____ (rispondere) alle domande del professore.
   학생들은 교수님의 질문에 대답합니다.

6 Io e i miei genitori _____ (vivere) in una casa molto bella.
   저와 우리 부모님은 아주 아름다운 집에서 삽니다.

7 Il coro _____ (cantare) e l'orchestra _____ (suonare) gli instrumenti musicali.
   합창단은 노래를 하고 오케스트라는 악기를 연주합니다.

8 Gianna e Claudio _____ (pranzare) in una pizzeria.
   쟌나와 클라우디오는 피자집에서 점심식사를 합니다.

9 Tu e Matteo _____ (cenare) in un bel ristorante.
   너와 마태오는 예쁜 레스토랑에서 저녁식사를 한다.

10 Loro _____ (lavare) i piatti e i bicchieri.
   그들은 접시와 잔들을 씻습니다.

UNITÀ **05** 가족

Pulisco la casa ed esco.

집을 청소하고 밖에 나가요.

VOCABOLARIO

il tesoro
보석, 친근하게 부르는 애칭

pulire 청소하다

sistemare 정리하다

la stanza 방

uscire 나가다

il programma 계획

prendere 취하다, 마시다

l'aperitivo 아페리티보

dopo 이후에, 후에

verso 향해서, 대략

andare 가다

finire 끝내다, 끝나다

capire 이해하다

per caso 혹시

passare
지나가다, 시간을 보내다

la posta / l'ufficio
postale 우체국

qualcosa 무언가

spedire 보내다

il pacco 상자

la zia 이모, 고모, 숙모 등

preferire 선호하다

la spedizione 배송

garantire 보장하다, 보증하다

la consegna 배송, 배달

rapido 빠른

DIALOGO 🎧 5-1

Madre: **Tesoro, cosa fai? Pulisci la casa?**
테저(z)로, 커자(z) 퐈이? 풀리쉬 라 카자(z)?

Gloria: **Sì, adesso sistemo la mia stanza.**
씨, 아뎃소 시스테모 라 미아 스탄차(z).

Madre: **E poi esci con gli amici? Che programmi hai?**
에 퍼이 애쉬 콘 리 아미치? 케 프로그람미 아이?

Gloria: **Esco a prendere un caffè e fare aperitivo con Giorgia e Giulia. E dopo, verso le 21, andiamo al cinema·e il film finisce tardi.**
애스코 아 프랜데레 운 카퐤 에 퐈레 아페리티보 콘 조르쟈 에 쥴리아. 에 도포, 배르쏘 레 뱅투노, 안디아모 알 취네마 에 일 퓖 퓌니셰 타르디.

Madre: **Ok, capisco. Per caso puoi passare in posta?**
오케이, 카피스코 페르 카조(z) 푸어이 퐛사레 인 퍼스타?

Gloria: **Certo, hai qualcosa da spedire?**
쵀르토, 아이 콸커자(z) 다 스페디레?

Madre: **Esatto. Spedisci questo pacco a tua zia. Preferisco la Spedizione Espressa. Perché garantisce la consegna rapida in giornata.**
에잩(z)토. 스페디쉬 퀘스토 퐉코 아 투아 찌(z)아. 프레퍼리스코 라 스페딀치(z)오네 에스프랫사. 페르케 가란티셰 라 콘쎄냐 라피다 인 조르나타.

엄마:　　딸아, 뭐 하니? 집 청소하니?

글로리아: 네, 지금 제 방을 정리하고 있어요.

엄마:　　그리고 나서 친구들이랑 나갈 거니? 어떤 계획이 있니?

글로리아: 조르쟈랑 줄리아와 커피를 마시고 아페리티보를 하기 위해 나가요. 그 다음에 9시 쯤에 영화관에 가는데 영화가 늦게 끝나요.

엄마:　　그래, 알겠어. 혹시 우체국에 들를 수 있니?

글로리아: 당연하죠, 뭐 보낼 거 있으세요?

엄마:　　맞아. 이 소포를 네 이모한테 보내렴. 빠른 등기를 선호한단다. 왜냐하면 당일의 신속한 배송을 보장하기 때문이야.

53

GRAMMATICA

1 -ISCO 변화를 하는 -IRE 동사(Verbi Incoativi)의 직설법 현재시제

앞서 이탈리아어 동사의 직설법 현재시제에서 규칙변화를 살펴보았습니다. 어미가 **-ire** 인 동사는 종류에 따라 **-isco** 변화를 하는 경우가 있습니다. **-isco** 변화형의 표와 그 동 사의 종류는 다음과 같습니다.

주격인칭대명사		-IRE		PULIRE (청소하다)	
Io	Noi	-isco	-iamo	pulisco	puliamo
Tu	Voi	-isci	-ite	pulisci	pulite
Lui, Lei Lei	Loro	-isce	-iscono	pulisce	puliscono

capire 이해하다

Capisci queste frasi?
이 문장들을 이해하니?

colpire 때리다, 인상을 주다

Questo brano mi colpisce dritto al cuore.
이 곡은 내 마음을 울린다(감명을 준다).

finire 끝내다

Finisco di lavorare alle 18.
오후 6시에 일하는 것이 끝난다.

garantire 보장하다, 보증하다

L'assicurazione sanitaria garantisce cure mediche.
의료보험은 치료를 보장해준다.

⟨-isco 변화를 하는 동사의 종류⟩

aderire	가입하다, 부착하다	approfondire	심화하다
bollire	끓다	definire	정의하다
digerire	소화시키다	dimagrire	살을 빼다
gestire	운영하다, 관리하다	guarire	회복시키다, 치료하다

impazzire	미치다	ingrandire	크게 하다, 증대하다
inserire	넣다, 삽입하다	punire	벌을 주다, 처벌하다
reagire	반응하다, 작용하다	riferire	언급하다
scolpire	조각하다	starnutire	재채기하다
stupire	깜짝 놀라게 하다	subire	(손해)를 입다, 참다
suggerire	조언하다, 암시하다	trasferire	옮기다
unire	합치다	usufruire	이용하다

② -MA로 끝나는 남성명사

-ISTA, -MA, -(E)AMMA, -ETA/OTA로 끝나거나 맨 마지막 음절이 -A인 예외적인 몇몇의 명사의 성은 남성입니다. 복수가 될 때는 기존 남성복수어미 -I를 붙여줍니다.

TIP

*g [ㄱ]의 음가 유지를 위해 h를 넣어줍니다.

**사람, 직업을 나타내는 -a, -ista 등으로 끝나는 명사는 여성일 때도 형태가 같으므로 정관사로 구분합니다.

***cinema는 복수형태가 단수형태와 동일합니다.

단수	복수	뜻
il collega	i colleghi*	동료
l'atleta	gli** atleti	운동선수
il pianista	i pianisti	피아니스트
il dentista	i dentisti	치과의사
il turista	i turisti	관광객
il giornalista	i giornalisti	기자
il tassista	i tassisti	택시기사
il tema	i temi	테마, 주제
il problema	i problemi	문제
il cinema	i cinema***	영화관
il sistema	i sistemi	시스템
il panorama	i panorami	파노라마, 전경
il clima	i climi	기후
il programma	i programmi	계획, 프로그램
il dramma	i drammi	희곡, 극
il dilemma	i dilemmi	딜레마

il po**eta**	i po**eti**	시인*
il pian**eta**	i pian**eti**	행성
il pil**ota**	i pil**oti**	조종사, 비행사**

✎ TIP

*여성 형태
la poetessa / le poetesse

**여성형태
la pilota / le pilote

3 의문사

의문사는 문장 맨 앞에 둡니다. 전치사와 의문사가 함께 쓰일 때는 전치사가 의문사 앞에 옵니다.

⊘ **Che** (= **Che cosa, Cosa**) 무엇, 무슨

Cosa c'è in ufficio?   사무실에 무엇이 있습니까?

Che cosa fai la mattina?   아침에 무엇을 하니?

⊘ **Chi** 누구

Chi è Luciano Pavarotti?   루치아노 파바로티가 누구입니까?

Con chi parlo?   누구십니까? (통화할 때)

⊘ **Quando** 언제

Quando è il tuo compleanno?   너의 생일이 언제니?

Quando sei nato/a?   언제 태어났니?

⊘ **Dove** 어디

Dove vai di bello?   어디 (좋은 데) 가니?

Dov'è la farmacia?   어디에 약국이 있습니까?

⊘ **Come** 어떻게

Come si scrive il tuo nome?   어떻게 너의 이름을 쓰니?

Come va la tua giornata?   너의 하루는 어떠니?

⊘ **Perché** 왜

Perché vuoi imparare l'italiano?   왜 이탈리아어를 배우고 싶니?

Perché non prendiamo un caffè?   커피 마시러 가지 않을래?

4 의문형용사

의문형용사 Quale와 Quanto는 형용사의 성, 수 일치의 특징을 가집니다.

⊘ **Quale** 어떤, 무엇

수 변화만 하여, 물어보려는 명사가 단수일 때는 Quale, 복수일 때는 Quali가 됩니다. 여러 가지 중 선택할 수 있는 사항에 Quale를 사용합니다. Quale è의 경우, 모음의 충돌을 피하고자 e를 생략하고 Qual è로 씁니다.

Qual è il tuo numero di telefono?
너의 전화번호가 무엇이니?

Quale strada devo prendere?
어떤 길로 가야 하나요?

Quali sono i diritti umani?
어떤 것들이 인권입니까?

⊘ **Quanto** 얼마만큼, 몇 개

성, 수 변화를 합니다.

Quanto tempo ci mette?
얼마나 걸리나요?

Quanti fratelli o sorelle hai?
몇 명의 남자형제나 여자형제가 있니?

Quanta gente inviti alla tua festa del compleanno?
얼마만큼의 사람을 너의 생일파티에 초대할 거니?

Quante persone ci sono in chiesa?
몇 명의 사람이 교회에 있습니까?

ESPRESSIONI

1 가족관계 표현하기

Q: Chi è questo?　　　　　이 분은 누구예요?

A: Lui è mio _____.　그는 나의 _____ 입니다.

　　　nonno　　　　　　할아버지
　　　padre　　　　　　아버지
　　　fratello minore　　남동생
　　　fratello maggiore　형, 오빠

Q: Chi è questa?　　　　　이 분은 누구예요?

A: Lei è mia _____.　그녀는 나의 _____ 입니다.

　　　nonna　　　　　　할머니
　　　madre　　　　　　어머니
　　　sorella minore　　여동생
　　　sorella maggiore　누나, 언니

② 가족관계 관련 단어

la famiglia	i parenti	la generazione
가족	친척	세대
i nonni	il nonno	la nonna
조부모님	할아버지	할머니
i genitori	i miei (genitori)	il padre
부모님	나의 부모님	아버지
il papà	la madre	la mamma
아빠	어머니	엄마
i figli	il figlio	la figlia
자녀들, 아들들	아들	딸
il figlio unico	la figlia unica	il fratello
외동아들	외동딸	남자형제
la sorella	il/la nipote	il marito
여자형제	조카, 손주	남편
la moglie	lo zio	la zia
아내	삼촌, 고모부, 이모부	이모, 고모, 숙모
il cugino	la cugina	il cognato
사촌 (남)	사촌 (여)	처남, 매형, 매제
la cognata	il suocero	la suocera
형수, 처제, 시누이	시아버지, 장인	시어머니, 장모
il genero	la nuora	il ragazzo
사위	며느리	남자친구
la ragazza	il fidanzato	la fidanzata
여자친구	남자친구, 약혼자	여자친구, 약혼자

APPROFONDIMENTO

🎧 5-3

Situazione ❶

상황 집 청소하기

> A: Che disastro! **Puliamo** la casa.
>
> B: Dammi 5 minuti, per favore. Prima **finisco** i miei compiti.
>
> A: D'accordo. Nel frattempo **pulisco** la cucina.
>
> B: Va bene. Tra poco passo l'aspirapolvere.

A: 엉망이네! 집을 청소하자.

B: 5분만 부탁할게. 우선 내 숙제를 끝낼게.

A: 알겠어. 그동안 부엌을 청소할게.

B: 좋아. 조금 이따가 청소기를 돌릴게.

Situazione ❷

상황 우체국에서 택배 보내기

> A: Numero 38, allo sportello 3, per cortesia.
>
> B: Buongiorno. Voglio **spedire** questo pacco.
>
> A: Buongiorno. Dove lo **spedisce**?
>
> B: A Roma. **Preferisco** la Spedizione Espressa.
>
> A: Ok. Lei deve **inserire** l'indirizzo e i dati in questo modulo, per favore.
>
> B: Questo servizio **garantisce** la consegna in giornata, giusto?
>
> A: Certo, noi **garantiamo** la consegna veloce.

A: 38번 고객님, 3번 창구로 오세요.

B: 안녕하세요. 이 상자를 보내고 싶습니다.

A: 안녕하세요. 이것을 어디로 보내십니까?

B: 로마요. 특급 택배를 선호합니다.

A: 알겠습니다. 주소와 정보를 이 용지에 기입해 주세요.

B: 이 서비스는 당일 배송을 보장하는 거 맞죠?

A: 당연하죠, 저희는 신속한 배송을 보장합니다.

COMUNICHIAMO

◎ 빈칸에 알맞은 형태의 의문사를 넣어 다음 대화를 완성하고 말해 보세요.

Perché 왜   Quale 어떤   Con chi 누구와   Quanto 얼마나

Come 어떻게   Chi 누구   Quando 언제   Dove 어디

---

1 A: _____ lingue parli?   몇 개의 언어를 하니?

   B: Parlo tre lingue.   나는 3개 국어를 해.

2 A: _____ pulisce il bagno?   누가 화장실을 청소할래?

   B: Pulisco io.   제가 청소할게요.

3 A: _____ condisci l'insalata?   언제 샐러드에 양념을 하니?

   B: Condisco l'insalata non appena metto il tonno.
      나는 참치를 넣자마자 간을 맞춰.

4 A: _____ spedisci quel pacco?   왜 그 상자를 보내는 거야?

   B: Perché è il regalo per mio nonno.   왜냐하면 우리 할아버지 선물이거든.

5 A: _____ è l'indirizzo del tuo ufficio?
      사무실 주소가 어떻게 되나요?

   B: Largo Augusto, 10, Milano.
      밀라노 라르고 아우구스토 10번지입니다.

6 A: _____ abiti?   누구와 거주하니?

   B: Abito con i miei.   우리 부모님과 살아.

7 A: _____ è l'ufficio postale (Poste Italiane)?
      어디가 우체국(포스테 이탈리아네)입니까?

   B: È in Via Bronzino, 7.   브론지노 길 7번지에 있습니다.

8 A: _____ va il lavoro?   일은 어떻게 되어가니?

   B: Va tutto bene, grazie. E a te?   다 잘 되어가, 고마워. 너는?

ESERCIZI

◎ 다음 빈칸에 들어갈 알맞은 동사의 형태를 쓰세요.

1 Il Buscopan _____ (guarire) il mal di pancia.
부스코판은 복통을 낫게 한다.

2 Io _____ (capire) ciò che il professore spiega.
나는 교수님이 설명하는 것을 이해한다.

3 Tra carne e pesce, tu cosa _____ (preferire)?
너는 생선과 고기 중에 어떤 것을 선호하니?

4 _____ (starnutire, io) per l'allergia ai pollini.
꽃가루 알레르기 때문에 재채기를 한다.

5 Il padre _____ (punire) il figlio per lo sbaglio.
아버지가 아들의 잘못을 혼내신다.

6 La sua eleganza mi _____ (stupire).
그녀의 우아함이 나를 놀라게 한다.

7 _____ (approfondire, loro) il canto lirico.
그들은 성악을 깊게 공부한다.

8 Lui _____ (gestire) due grandi aziende.
그는 큰 회사 두 개를 운영한다.

9 L'assicurazione _____ (garantire) il risarcimento
dei danni.
그 보험은 손해배상을 보장한다.

10 I miei fratelli _____ (costruire) un tavolo in legno.
우리 형들이 나무 탁자를 만든다.

Ti seguo sui Social.

너의 SNS를 팔로우할게.

DIALOGO 🎧 6-1

Luca: Sai che la prossima settimana c'è una videoconferenza su Leonardo da Vinci su Zoom?

Gloria: Davvero? Mi interessa! Dove trovi questo tipo di informazioni?

Luca: Sui social! Usi i social tipo Instagram, Facebook, Youtube, ecc.?

Gloria: Sì, ogni tanto metto delle foto su Instagram. Anche tu ce l'hai?

Luca: Ovvio. Utilizzo spesso i social per comunicare con gli amici. E poi, in questi giorni sto imparando a montare i video per Youtube. Comunque, come trovo il tuo profilo su Instagram?

Gloria: Allora, cerca @GloriaInMilan.

Luca: Eccoti! Ora ti seguo sui social.

루카: 다음주에 줌에서 레오나르도 다 빈치에 관한 화상 회의가 있는 거 아니?

글로리아: 정말? 나 관심 있는데! 이런 종류의 정보는 어디서 찾아?

루카: 소셜 네트워크에서! 인스타그램, 페이스북, 유튜브 등과 같은 소셜 네트워크를 사용하니?

글로리아: 응, 종종 인스타그램에 사진을 올려. 너도 가지고 있어?

루카: 당연하지. 친구들과 소통하기 위해 SNS를 자주 이용해. 게다가, 요즘에는 유튜브를 위해 영상 편집하는 것을 배우고 있어. 어쨌든, 인스타그램에서 네 프로필을 어떻게 찾니?

글로리아: 자, @GloriaInMilan을 찾아봐.

루카: 너 여기 있네! 이제 SNS에서 너를 팔로우할게.

GRAMMATICA

1 SAPERE / CONOSCERE 동사 비교

sapere와 conoscere는 모두 불규칙동사이고, '알다'라는 뜻을 가진 동사지만, 그 쓰임이 다릅니다.

sapere (알다)	
so	sappiamo
sai	sapete
sa	sanno

→ 지식적, 개념적, 간접적, 기술적으로 알다

Sai il francese?
프랑스어를 할 줄 아니?

No, **so** solo l'italiano.
아니, 이탈리아어만 할 줄 알아.

Sapete cucinare?
여러분은 요리할 줄 아십니까?

Sì, **sappiamo** cucinare abbastanza bene.
네, 요리하는것을 꽤 잘 압니다.

conoscere (알다)	
conosco	conosciamo
conosci	conoscete
conosce	conoscono

→ 경험적, 직접적으로, 심도있게 알다

〈어떤 장소에 직접 가봐서 알다〉

Conosci bene la Francia?
프랑스를 (가봐서) 잘 아니?

Ancora non **conosco bene** la Francia.
아직 프랑스를 잘 알지 못해.

〈사람을 알아가다, 사귀다〉

Conosci Paola?
파올라를 (직접 만나봐서) 아니?

Sì, **conosco** Paola molto bene.
응, 파올라를 아주 잘 알지.

2 CERCARE / TROVARE 동사 비교

cercare와 trovare는 한국어로 둘 다 '찾다'로 해석될 때가 있으나, trovare는 '발견하다, 만나다, 있습니다'라는 의미입니다.

cercare (찾다)		trovare (발견하다)	
cerco	cerchiamo	trovo	troviamo
cerchi	cercate	trovi	trovate
cerca	cercano	trova	trovano

Cerco il mio cellulare.
나는 내 휴대폰을 찾는다.

Puoi trovare il tuo cellulare sulla tavola.
네 휴대폰을 탁자 위에서 찾을 수 있다(= 발견하다).

Per trovare un altro lavoro, studia l'inglese.
다른 일을 찾기(= 발견하기) 위해 영어공부를 한다.

Io cerco dappertutto ma non trovo niente.
이곳저곳을 찾지만, 그 무엇도 발견하지 못한다.

Chi cerca trova.
찾는 사람이 발견할 것이다.

⊘ **cercare di** 동사원형 ～하려 노력하다

Oggi cerco di parlare in italiano.
오늘은 이탈리아어로 말하려고 노력한다.

Cerco di capire quella parola.
그 말을 이해하려고 노력한다.

3 주요 전치사

	국가명, 섬, 주 이름 앞에
IN (~에서, 안에)	Abito **in** Scilia. 시칠리아에 거주한다. Vado **in** Italia. 이탈리아에 간다.
	길, 가게 이름 앞에
	Abito **in** via Salomone, 7. 나는 살로모네 길 7번지에 산다. Prendo un caffè **in** un bar. 카페에서 커피를 마신다.
	교통수단 (~으로)
	Viaggio **in** treno. 기차로 여행한다.
A (~에, 에게, 까지, ~로)	**도시, 작은 섬 이름 앞에**
	Abito **a** Milano. 밀라노에 거주한다. Vado **a** Roma. 로마에 간다.
	장소, 방향
	Vado **a** scuola. 학교에 간다. Gira **a** destra. 오른쪽으로 도세요. Regalo i fiori **a** mia mamma. 우리 엄마한테 꽃을 선물한다.
	시간, 시점
	Ci vediamo **alle** 15. 우리 오후 3시에 만나자. La banca apre **alle** 8:30. 은행은 8시 30분에 문을 연다.
DI (~의, ~에 대해)	**소유, 소속 등 (~의)**
	Sono **di** Firenze. 나는 피렌체(의) 출신입니다. Questa scultura è **di** Michelangelo. 이 조각은 미켈란젤로의 것입니다.
	~에 대해
	Parlo **di** politica. 정치에 대해 얘기한다.

DA (~로부터, ~에 의해서)	**~로부터**
	Da dove vieni? 어디로부터 오니? (= 어디 출신이니?)
	Parto **da** Napoli. 나폴리로부터 떠난다.
	Lavoro **dalle** 9 di mattina. 아침 9시부터 일한다.
	da + 사람, 직업명사(~의 집(가게)에)
	Vengo **da** te. 너의 집에 간다.
	Vado **dal** medico. 의사에게 간다.
	용도 (~용의)
	occhiali **da** sole 선글라스 (태양 용도의 안경)
	camera **da** letto 침실 (침대 용도의 방)
	da + 동사원형 (~할 만한)
	Ho tante cose **da** fare. 해야 할 일이 많다.
	Ho **da** mangiare. 먹을 것이 있다.
SU (~위에, ~에 대해)	**~위에**
	Il libro è **sul** tavolo. 책은 책상 위에 있다.
	Vado **sulla** luna. 달 위로 간다.
	~에 대해서
	La lezione è **sulla** politica. 수업은 정치에 대한 것입니다.
	Su questo tema 이 주제에 대해서
	인터넷, 어플리케이션에서
	Ti scrivo **su** Kakaotalk. 카카오톡에서 (메세지를) 쓸게.
	Puoi trovare delle informazioni **su** internet. 인터넷에서 정보를 찾을 수 있다.
CON (~와 함께)	**~와 함께**
	Viaggio **con** i miei genitori. 우리 부모님과 여행을 한다.

	~와 함께
CON (~와 함께)	Parlo **con** Luca. 루카와 이야기한다.
	이유, 원인 (~로, ~때문에)
	con l'aiuto di Dio 신의 도움으로 Non uscire **con** questa pioggia. 이 비에는 나가지 말아라!
	수단 (~을 타고, ~으로)
	Viaggio **con** il treno. 기차로 여행한디. Ti accompagno **con** la macchina. 차로 너를 데려다줄게.
TRA (FRA) (~사이에)	~사이에
	La casa mia è **tra** la chiesa e la metropolitana. 우리집은 교회와 지하철역 사이에 있다. Vado in ufficio **tra** le 8 e le 9. 사무실에 8시에서 9시 사이에 간다.
	시간 (~후에)
	Tra poco arrivo. 조금 뒤에 도착한다. Ci vediamo **tra** due giorni. 이틀 뒤에 보자. Il treno parte **tra** 10 minuti. 기차는 10분 뒤에 떠난다.
PER (~을 위해, ~때문에)	~을 위해
	Vado in Italia **per** studiare l'arte. 이탈리아에 예술을 공부하기 위해 간다. Compro un regalo **per** il compleanno di Marco. 마르코의 생일을 위해 선물을 산다.
	시간 (~동안)
	Ogni giorno studio l'italiano **per** 3 ore. 매일 이탈리아어를 3시간 동안 공부한다.
	장소 (~을 통해, ~을 향하여)
	L'autobus passa **per** la piazza. 버스는 광장을 지나서(통해) 간다.
	원인 (~때문에)
	Grazie **per** le belle parole. 좋은 말들 고마워.

4 전치사 관사

전치사는 명사 앞에 놓여 문장 내에서 명사의 의미를 더욱 구체화합니다. 이때 '정관사를 수반한 명사' 앞에 전치사가 오는 경우, 음절이 짧은 전치사(in, a, di, da, su)는 관사와 함께 축약되어 사용됩니다.

구분	il	lo	la	l'	i	gli	le
IN	nel	nello	nella	nell'	nei	negli	nelle
A	al	allo	alla	all'	ai	agli	alle
DI	del	dello	della	dell'	dei	degli	delle
DA	dal	dallo	dalla	dall'	dai	dagli	dalle
SU	sul	sullo	sulla	sull'	sui	sugli	sulle
CON	con il	con lo	con la	con l'	con i	con gli	con le
FRA	fra il	fra lo	fra la	fra l'	fra i	fra gli	fra le
PER	per il	per lo	per la	per l'	per i	per gli	per le

Nel sogno   꿈속에서

Nella fantasia   환상 속에서

Alla fine, cosa fai di bello?   결국 무슨 일을 하니?

Prendo una cotoletta **alla** milanese.   밀라노식 커틀릿을 선택할게요.

Via **della** Luce è a sinistra.   루체의 길은 왼쪽입니다.

L'agente **dell'**FBI   FBI의 요원

Mi allontano **dagli** amici cattivi.   나쁜 친구들로부터 멀어진다.

Studio l'italiano **dalla** mattina **alla** sera. 아침부터 저녁까지 이탈리아어를 공부한다.

Sulle spalle   어깨 위에

Non ha più dubbi **sulla** decisione.   그 결정에 대해 더 이상 의구심이 없다.

ESPRESSIONI

🎧 6-2

1 감사 표현하기

Grazie.	고마워(요).
Grazie mille.	아주 고마워(요).
Grazie infinite.	굉장히 고마워(요).
Grazie di tutto.	모든 게 고마워(요).
Grazie per la risposta.	답장(답변)해줘서 고마워(요).
Grazie dell'aiuto.	도움을 줘서 고마워(요).
Grazie per la disponibilità.	시간을 내줘 감사합니다.
Grazie per la collaborazione.	협업에 감사합니다.
Ti ringrazio.	너에게 감사하다.
Vi ringrazio.	여러분에게 감사합니다.
La ringrazio.	당신에게 감사합니다.
Ti ringrazio di cuore.	너에게 진심으로 감사하다.
La ringrazio molto!	당신께 정말 감사드립니다!
Essere grato a 누구 **per** 무엇	누구에게 무엇으로 고마워하다.
Sono grato/a ai miei amici per l'aiuto.	나는 친구들의 도움에 고마워한다.
Sono grato/a ai miei genitori per il loro supporto.	나는 우리 부모님의 지원에 감사하다.

mille 1000의, 다수의

infinito 무한의

2 감사 표현에 답하기

Di nulla.	아무것도 아닌데요.
Di niente.	별거 아니에요.
Figurati.	괜찮아. (친근하게 사용할 수 있는 표현)
Si figuri.	괜찮아요.
(Grazie) a te!	너한테 고맙지!
(Grazie) a lei!	당신한테 고맙지요!
Non c'è di che!	아무것도 아니에요!
Nessun problema.	아무 문제 없어요.
È un piacere.	제 기쁨이죠.
Sono lieto/a di aiutarti(aiutarla).	너를(당신을) 돕는 건 기쁜 일이에요.
Sono contento/a di esserle stato/a utile.	당신에게 제가 유익했다니 기쁘군요.
Prego.*	천만에요.

✏ TIP
Prego는 일방적으로 도움을 주었을 때 사용할 수 있으며, 상황에 따라 냉소적으로 들릴 수도 있습니다.

3 소셜 네트워크, 디지털 관련 표현

lo smartphone	스마트폰	il cellulare	휴대폰
il caricabatteria	충전기	le cuffie	이어폰, 헤드셋
la tecnologia	기술, 테크놀로지	l'applicazione	애플리케이션
il sito web	웹 사이트	la videoconferenza	화상 회의
l'aggiornamento	업데이트	l'accesso	액세스
il commento	댓글, 코멘트	il filtro	필터
le credenziali di accesso	접속 ID와 패스워드	l'intelligenza artificiale (IA)	인공지능
le impostazioni	설정	a distanza	원격의, 거리가 있는
caricare*	올리다, 충전하다, 업로드하다	scaricare**	다운로드하다
installare	설치하다	condividere	공유하다
seguire	따르다, 팔로우하다	iscriversi	가입하다, 구독하다
abbonarsi	구독하다	aggiornare	업데이트하다
annullare	취소하다, 지우다	taggare	태그하다

참고

*caricare le foto sui social
SNS에 사진을 올리다

*caricare la batteria
배터리를 충전하다

**scaricare un'applicazione
애플리케이션을 다운로드하다

APPROFONDIMENTO

🎧 6-3

Situazione ❶

상황 SNS 관련 대화

A: Cosa vuoi fare in futuro?

B: Voglio diventare un creator su Youtube.

A: Wow, veramente? Sai montare i video?

B: Sì, so montare i video abbastanza bene. Ho già qualche video su Youtube.

A: Come trovo il tuo account su Youtube?

B: Prova a cercare Moonyelim e iscriviti al mio canale.

A: Okay. Ora mi iscrivo al tuo canale!

A: 나중에(미래에) 뭐 하고 싶니?

B: 나는 유튜브 크리에이터가 되고 싶어.

A: 우와, 정말? 너 영상 편집할 줄 아니?

B: 그럼, 영상 편집을 꽤 잘해. 이미 몇 개의 영상이 유튜브에 있어.

A: 유튜브에서 너의 계정을 어떻게 찾아?

B: 문예림을 검색해보고 내 채널을 구독해줘.

A: 알겠어. 지금 너의 채널을 구독할게!

COMUNICHIAMO

◎ 감사 표현을 사용하여 다음 대화를 완성하고 말해 보세요.

1

A: _____

도와줘서 고마워.

B: Figurati!

괜찮아!

2

A: _____

답변해 주셔서 감사합니다.

B: Non c'è di che!

별거 아니에요!

3

A: Ti ringrazio di cuore.

진심으로 고마워.

B: _____

너를 돕는 게 기쁜 일이야.

4

A: Grazie mille per l'informazione.

정보(를 줘서) 정말 고마워.

B: _____

너에게 내가 유익했다니 기쁘다.

5

A: Grazie infinite!

굉장히 고마워!

B: _____

너한테 고맙지!

ESERCIZI

1 다음 빈칸에 SAPERE / CONOSCERE 중 어울리는 동사를 직설법 현재시제로 쓰세요.

1 Claudia _____ bene il coreano.
클라우디아는 한국어를 잘 안다.

2 Loro _____ bene i miei zii.
그들은 우리 삼촌들을 잘 안다.

3 _____ suonare il pianoforte?
피아노를 칠 줄 아니?

4 _____ bene la Sardegna.
사르데냐 섬을 가봐서 잘 안다.

5 Io non _____ perché il gatto si comporta così.
나는 고양이가 왜 저렇게 행동하는지 모른다.

2 다음 빈칸에 CERCARE / TROVARE 중 어울리는 동사를 직설법 현재시제로 쓰세요.

1 Dove _____ delle informazioni sull'ammisione?
너는 입학에 대한 정보를 어디서 발견하니?

2 A: Cosa _____ Lei?
무엇을 찾으시나요?

   B: _____ una gonna rossa. Dove posso _____?
빨간 치마를 찾고 있어요. 어디에서 찾을 수 있나요?

3 _____ di risolvere gli esercizi di matematica ma non _____ le risposte giuste.
수학문제를 풀기 위해 노력하지만, 알맞은 답을 찾지 못한다.

4 Matteo _____ di esprimere la propria opinione tranquillamente.
마태오는 자신의 의견을 침착하게 표현하려 노력한다.

5 Luca _____ sempre _____ il lato positivo in ogni situazione.
루카는 매사에 긍정적인 면을 발견하려 노력한다.

응원

Ce la fai!

너는 할 수 있어!

VOCABOLARIO

ultimamente 최근에

impegnato 바쁜

il lavoro 일, 일자리

volere 원하다

lamentarsi 불평하다

la settimana 일주일

dovere 해야 한다

l'esame 시험

il pensiero 생각, 고민

la preoccupazione
불안, 근심

preoccuparsi 걱정하다

il materiale 재료, 자료

riuscire 해내다

la paura 두려움

fare 하다

farcela 해내다, 성공하다

Luca: Ultimamente sono impegnato per il lavoro. Voglio avere il tempo di aprire e leggere un libro. Ma non mi lamento.

Gloria: Invece io dalla prossima settimana devo dare gli esami all'università.

Luca: Quindi hai pensieri o preoccupazione per gli esami?

Gloria: Esatto. Devo ancora leggere tanti materiali e non riesco a capire tutto. Ho paura di dare gli esami orali in italiano.

Luca: Non ti preoccupare. So che tu studi tantissimo. Sei molto brava a parlare l'italiano. Ce la fai!

루카: 최근에 일 때문에 바빠. 책을 펴고 읽을 시간을 가지면 좋겠어. 하지만 불평
하지는 않아.

글로리아: 반면에 나는 다음주부터 대학교에서 시험을 봐.

루카: 그래서 시험 때문에 고민이나 걱정이 있니?

글로리아: 맞아. 아직 많은 자료를 읽어야 하고, 전부를 이해할 수 없어. 이탈리아어로
구술시험을 보는 것이 두려워.

루카: 걱정하지 마. 너가 아주 많이 공부하는 것을 알고 있어. 너는 이탈리아어를
잘 구사하잖아. 너는 할 수 있어!

GRAMMATICA

1 **불규칙동사의 직설법 현재**

앞서 직설법 현재시제의 규칙변화를 살펴보았습니다. 불규칙동사는 발음 혹은 철자상의 이유로 어간도 변화하는 동사입니다. 단, 1, 2인칭 복수는 대부분 규칙적으로 변합니다. 주요 불규칙동사들은 입으로 여러 번 따라 읽고, 표를 그리면서 반드시 외우길 바랍니다.

ANDARE (가다)		TENERE (잡다)		VENIRE (오다, 가다)		FARE (하다, 만들다)	
vado	andiamo	tengo	teniamo	vengo	veniamo	faccio	facciamo
vai	andate	tieni	tenete	vieni	venite	fai	fate
va	vanno	tiene	tengono	viene	vengono	fa	fanno

DARE (주다)		USCIRE (나가다)		SALIRE (올라가다)		DIRE (말하다)	
do	diamo	esco	usciamo	salgo	saliamo	dico	diciamo
dai	date	esci	uscite	sali	salite	dici	dite
dà	danno	esce	escono	sale	salgono	dice	dicono

Amo tanto i tramonti. 　　　　　일몰을 정말 좋아해.

Andiamo a vedere un tramonto. 　해질녘을 보러 가자.

Tengo a mente tutte queste belle parole. 이 아름다운 말들을 마음속에 간직한다.

Quel ricordo mi **viene** spesso in mente. 그 기억이 내게 자주 떠오른다.

Faccio tutto questo. 　　　　　내가 이 모든 것을 한다.

Ti **do** il mio cuore. 　　　　　네게 나의 마음을 준다.

Io **esco** fuori casa per riprendere un po' d'aria. 바람을 좀 쐬러 집 밖으로 나간다.

Domani **salgo** a Milano da Napoli. 내일 나폴리에서 밀라노로 올라간다.

《Buongiorno!》 **dice** il piccolo principe. "안녕하세요!" 어린왕자가 말한다.

✎ TIP

이탈리아어에서 주어의 위치는 동사 뒤에 올 수도 있어 비교적 자유롭습니다.

2 조동사

조동사는 본동사의 의미를 더해줍니다. 다음의 조동사 뒤에는 반드시 동사원형(원형부정사)이 와야 합니다. 부정문을 만들 때 non은 시제변화하는 동사, 즉 조동사 앞에 옵니다.

VOLERE (원하다)		DOVERE (해야 한다)		POTERE (할 수 있다)	
voglio	vogliamo	devo	dobbiamo	posso	possiamo
vuoi	volete	devi	dovete	puoi	potete
vuole	vogliono	deve	devono	può	possono

Anna **vuole uscire** con gli amici questa sera.

안나는 오늘 저녁에 친구들과 나가서 놀고 싶다.

Gli studenti **devono fare** i compiti.

학생들은 과제를 해야 한다.

Marco **non può andare** al cinema perché è chiuso.

영화관이 문을 닫았기 때문에 마르코는 영화관에 갈 수 없다.

3 FARCELA / RIUSCIRE 동사의 활용 (해내다, 성공하다)

⊘ **FARCELA 동사**는 앞에서 살펴본 불규칙동사 **Fare**(하다)에 대명사 Ci와 La가 결합하여 하나의 단어로 쓰여지는 형태입니다. (목적격대명사는 10과에서 자세히 다룰 예정)

⊘ **RIUSCIRE 동사**는 불규칙동사 **Uscire**(나가다)에 접두사 ri-가 붙은 형태입니다.

FARCELA (해내다)		RIUSCIRE (해내다)	
ce la faccio	ce la facciamo	riesco	riusciamo
ce la fai	ce la fate	riesci	riuscite
ce la fa	ce la fanno	riesce	riescono

Ce la fai!   너는 할 수 있어!

Ce la faccio!   나는 할 수 있다!

⊘ **farcela a 동사원형 = riuscire a 동사원형** ～하는 것을 해내다

Ce la fai a venire in ufficio alle 8 di mattina?

= Riesci a venire in ufficio alle 8 di mattina?

오전 8시에 사무실로 올 수 있니?

Ce la fai a portare i bambini a scuola?

= Riesci a portare i bambini a scuola?

학교에 아이들을 데려다줄 수 있니?

Non ce la faccio perché ho gli altri impegni.

= Non riesco perché ho gli altri impegni.

다른 일들이 있어서 해낼 수 없다.

---

4 전치격 인칭대명사

전치사 뒤에 인칭대명사가 위치할 때, 1인칭 단수는 me로 2인칭 단수는 te로 변합니다.

구분	단수		복수	
1인칭	(전치사)	**me**	(전치사)	noi
2인칭	(전치사)	**te**	(전치사)	voi
3인칭	(전치사)	lui	(전치사)	loro
	(전치사)	lei		
	(전치사)	lei		

Penso solo **a te**.	오직 너만을 생각한다.
Lui si innamora **di me**.	그는 내게 사랑에 빠진다.
Mi fido **di te**.	나는 너를 신뢰한다.
Benvenuti **da noi**.	우리집에 오신 것을 환영합니다.
Puoi contare **su di me**.	너는 내게 기댈 수 있어.
Con te partirò.	너와 함께 떠날 것이다.
La differenza **tra me e te**	너와 나 사이의 차이점
Per me è troppo difficile.	나에게는 너무 어렵다.
Secondo me, è molto preciso.	내 생각에 그것은 굉장히 정확하다.

5 소유격 형용사/대명사

앞서 '**ESSERE DI** + 사람'은 소유를 나타낸다는 것과 전치격 인칭대명사를 살펴보았습니다. 여기서 '**DI** + **주격인칭대명사**'로 표현하는 대신 소유격 (인칭)형용사/대명사를 사용합니다.

Questo libro è **di Marco**.　　　　　이 책은 <u>마르코의 것</u>입니다.
→ Questo libro è **di lui**. (×)
→ Questo libro è **il suo**. (○)　　　　이 책은 <u>그의 것</u>입니다.

이탈리아어의 소유형용사/대명사는 반드시 정관사를 앞에 붙여줍니다. '형용사'이므로 수식을 받는 명사의 성과 수에 일치합니다. 즉, 소유자의 성과 수와는 관계가 없습니다.

구분	소유격 형용사/대명사			
	단수	복수	단수	복수
남성	**Il** mio	**I** miei	**Il** nostro	**I** nostri
여성	**La** mia	**Le** mie	**La** nostra	**Le** nostre
남성	**Il** tuo	**I** tuoi	**Il** vostro	**I** vostri
여성	**La** tua	**Le** tue	**La** vostra	**Le** vostre
남성	**Il** suo	**I** suoi	**Il** loro	**I** loro
여성	**La** sua	**Le** sue	**La** loro	**Le** loro

[Esempio]

수식 받는 명사	**il libro**	책 (남성명사)	**la stanza**	방 (여성명사)
	il mio libro	나의 책	la mia stanza	나의 방
	i miei libri	나의 책들	le mie stanze	나의 방들

⊘ loro(그들의, 그녀들의)는 모양이 변화하지 않고, 정관사로 수식하는 명사의 성과 수를 나타냅니다.

il loro libro　그들의 책　　　　i loro libri　그들의 책들
la loro casa　그들의 집　　　　le loro case　그들의 집들

⊘ **가족, 친척을 나타내는 단수 명사** 앞에 소유형용사가 올 때는 정관사를 쓰지 않습니다.

Mio padre ama la famiglia.

나의 아버지는 가족을 사랑하신다.

Mia madre prega per la famiglia.

나의 어머니는 가족을 위해 기도하신다.

Tuo fratello è molto simpatico.

너의 형제는 매우 유쾌하다.

Sua sorella studia archeologia.

그(그녀)의 자매는 고고학을 공부한다.

I miei fratelli sono molto simpatici.

너의 형제들은 매우 유쾌하다.

Le sue sorelle studiano archeologia.

그(그녀)의 자매들은 고고학을 공부한다.

⊘ **가족, 친척을 나타내는 단수 명사**라도 'loro(그들, 그녀들의)'가 오는 경우와 **가족을 나타내는 애칭**일 때는 정관사를 사용합니다.

Il mio papà mi dà tutte le cose buone.

나의 아빠는 좋은 모든 것을 내게 주신다.

La mia mamma mi dà forza.

나의 엄마는 내게 힘을 주신다.

Il loro nonno ha 90 anni.

그들(그녀들)의 할아버지는 90세이다.

La loro zia lavora in una libreria.

그들(그녀들)의 이모는 서점에서 일하신다.

ESPRESSIONI

1 할 수 없는 이유 말하기

Io voglio _____ ma non posso
perché _____.

나는 _____ 하고 싶은데 할 수 없다
왜냐하면 _____ 때문이다.

comprare un nuovo iPhone	새로운 아이폰을 사다
è molto costoso	너무 비싸다
vedere un film su Netflix	넷플릭스에서 영화를 보다
non ho le credenziali	아이디와 비밀번호가 없다
dormire adesso	지금 자다
domani ho gli esami	내일 시험들이 있다

2 원하는 것 물어보기

Vuoi _____?

_____ 하고 싶니?

prendere un caffè	커피를 마시다
viaggiare in Italia	이탈리아를 여행하다
lavorare in una grande azienda	대기업에서 일하다

3 의무 말하기

Oggi devo _____.

오늘 나는 _____ 을(를) 해야 한다.

esercitarmi con il canto lirico	성악곡을 연습하다
iscrivermi all'università	대학교 원서를 지원하다
aiutare i poveri	불쌍한 사람을 도와주다
smettere di fumare	담배를 끊다

4 허가 구하기

Mi scusi, posso _____?

죄송합니다만, _____ 할 수 있을까요?

aprire la finestra	창문을 열다
usare il bagno	화장실을 이용하다
farle una domanda	당신께 질문하다

APPROFONDIMENTO

🎧 7-3

Situazione ❶

상황 키즈카페에 생일파티 예약하기

A: Buongiorno. Come **posso** aiutarla?

B: Buongiorno, **devo** organizzare una festa di compleanno per mio figlio. Mio figlio **vuole** invitare qui i suoi amici per giocare e festeggiare.

A: Quanto **vuole** spendere?

B: **Posso** spendere al massimo 300 euro.

A: Allora con questa cifra 15 bambini **possono** giocare per 2 ore.

B: Perfetto. **Voglio** prenotare per la prossima settimana.

spendere 돈을 사용하다

A: 안녕하세요. 어떻게 당신을 도와드릴 수 있을까요?

B: 안녕하세요, 우리 아들 생일파티를 준비해야 합니다. 제 아들이 이곳에서 파티하고 놀기 위해 자기 친구들을 초대하고 싶어 합니다.

A: 예산은 얼마입니까?

B: 저는 300 유로까지 사용 가능합니다.

A: 그러면 이 가격으로 15명의 아이들이 두 시간 동안 놀 수 있습니다.

B: 아주 좋아요. 다음주를 위해 예약하고 싶습니다.

Situazione ❷

상황 부탁 들어주기

A: Amore, **riesci ad** accompagnare i nostri bambini a scuola?

B: Certo, amore. **Ce la faccio.**

A: Grazie. **Riesci a** passare al supermercato prima di tornare a casa? **Voglio** preparare il pranzo ma non c'è il salmone.

B: Assolutamente sì. **Posso** fare tutto ciò che **vuoi**!

A: 여보, 우리 애들을 학교에 데려다줄 수 있을까?

B: 여보, 당연하지. 할 수 있어.

A: 고마워. 집에 돌아오기 전에 마트 좀 들를 수 있을까? 점심을 준비하고 싶은데 연어가 없네.

B: 아주 당연하지. 당신이 원하는 모든 것을 할 수 있어!

COMUNICHIAMO

1 조동사(volere, dovere, potere)의 현재형태를 사용하여 다음 대화를 완성하고 말해 보세요.

A: Mamma, _____ (potere, io) restare a casa oggi?
Non _____ (volere) andare alla lezione di matematica.
엄마, 오늘 집에서 쉴 수 있을까요? 수학 수업에 가고 싶지 않아요.

B: Caro mio, ma _____ (dovere) studiare per l'esame!
아들아, 하지만 시험을 위해 공부해야지!

A: Lo so. Ma oggi _____ (volere) proprio riposare.
Sto morendo di sonno.
알아요. 하지만 오늘은 꼭 쉬고 싶어요. 졸려 죽겠어요.

B: Ok, allora solo per oggi _____ (potere, tu) saltare la lezione. Domani _____ (dovere) andare a studiare, ok?
그래, 그럼 오늘만 수업을 빠질 수 있단다. 내일은 공부하러 가야만 해, 알겠지?

2 빈칸에 알맞은 소유형용사/대명사를 사용하여 문장을 완성하고 말해 보세요.

1 Il _____ ragazzo è molto simpatico.
내 남자친구는 정말 유쾌하다.

2 I _____ professori sono molto severi.
우리 교수님들은 매우 엄격하시다.

3 Martina va al lavoro con la _____ macchina?
마르티나는 너의 차로 출근하니?

4 I _____ amici sono divertenti.
너희 친구들은 재미있다.

5 Come si chiama _____ padre?
당신의 아버지 성함이 어떻게 되십니까?

ESERCIZI

◉ 다음 빈칸에 들어갈 알맞은 동사의 형태를 쓰세요.

1 Domani ho un esame, quindi _____ (dovere) studiare tutta la notte.

내일 시험이 있으므로 밤새 공부해야 한다.

2 Io _____ (volere) cantare di notte ma non _____ (potere) perché i vicini dormono.

나는 밤에 노래를 부르고 싶지만 그럴 수 없다 왜냐하면 이웃들이 잠을 자기 때문이다.

3 Non _____ (riuscire) a capire.

이해가 되지 않는다.

4 _____ (volere, io) riposare.

나는 쉬고 싶다.

5 _____ (potere, tu) passarmi l'acqua?

내게 물을 건네줄래?

UNITÀ 08

시간

A che ora apre il Museo del Cenacolo Vinciano?

DIALOGO

🎧 8-1

VOCABOLARIO

il Cenacolo 최후의 만찬

vinciano 다 빈치의

sbagliarsi 실수하다

aprire 열다

chiudere 닫다

visitare 방문하다

prenotare 예약하다

la prenotazione 예약

il sito 장소

il sito web 웹사이트

ufficiale 공식적인

il biglietto 티켓

costare 비용이 들다

a testa 1인당

la testa 머리

ammirare
감상하다, 찬양하다

Luca: Senti, a che ora apre il Museo del Cenacolo Vinciano?

Gloria: Se non mi sbaglio, apre alle nove di mattina e chiude alle diciannove di sera.

Luca: Allora andiamo a visitare il Cenacolo! Che ore sono adesso?

Gloria: Sono le dodici e mezza. Ma per visitare il Cenacolo, dobbiamo prima prenotare sul sito ufficiale.

Luca: Dai, prenotiamo per domani pomeriggio?

Gloria: Sì, prenoto per le diciassette e un quarto. Il biglietto costa quindici euro a testa.

Luca: Perfetto! Non vedo l'ora di ammirare il Cenacolo.

Gloria: Vale lo stesso per me. Dopo la visita, verso le venti, facciamo aperitivo o ceniamo insieme!

루카: 들어봐, 《다 빈치 최후의 만찬 박물관》은 몇 시에 문을 여니?

글로리아: 내가 잘못 아는 게 아니라면, 아침 9시에 열어서 저녁 7시에 문을 닫아.

루카: 그러면 최후의 만찬을 보러 가자! 지금 몇 시지?

글로리아: 12시 반이야. 하지만 최후의 만찬을 방문하려면, 우선 공식 웹사이트에서 예약해야 해.

루카: 자, 그러면 내일 오후로 예약할까?

글로리아: 그래, 오후 5시 15분으로 예약할게. 티켓 가격은 각각 15유로야.

루카: 완벽해! 최후의 만찬을 감상하는 것이 기대돼.

글로리아: 나도 마찬가지야. 방문하고 나서 저녁 8시쯤에 아페리티보를 하거나 저녁을 먹자!

GRAMMATICA

1 시간 묻고 답하기

Che ora è? / Che ore sono?	몇 시입니까?
A che ora ____?	몇 시에 무엇을 합니까?

A che ora apre la banca?	은행은 몇 시에 문을 엽니까?
A che ora finisce la lezione?	몇 시에 수업이 끝나나요?
A che ora comincia il film?	영화는 몇 시에 시작하나요?
A che ora chiude il negozio?	가게는 몇 시에 문을 닫습니까?

È l'una e ____.	1시 ____분입니다.

È l'una.	1시입니다.
È l'una e dieci.	1시 10분입니다.
È l'una e mezzo/a.	1시 반입니다.

Sono le ____ e ____.	____시 ____분입니다.

Sono le due.	2시입니다.
Sono le due e un quarto*.	2시 15분입니다.
Sono le due e mezzo/a.	2시 반입니다.
Sono le dieci e venti.	10시 20분입니다.
Sono le venti e quaranta.	20시 40분입니다.

*un quarto는 1/4을 뜻하며, 시간 표현에서 15분을 의미합니다.

📎 TIP
이탈리아에서는 오후 시간을 얘기할 때 24시간 형식을 선호합니다. 즉, 오후 7시보다 19시라고 표현합니다.
di mattina 아침에
di pomeriggio 오후에
di notte 밤에

Sono le ____ meno ____.	____시 ____분 전입니다.

Sono le sette meno venti.	7시 20분 전(6시 40분)입니다.
Sono le dodici meno cinque.	12시 5분 전(11시 55분)입니다.
Sono le quindici meno dieci.	15시 10분 전(14시 50분)입니다.
Sono le sedici meno un quarto.	16시 15분 전(15시 45분)입니다.
È mezzogiorno.	정오입니다.
È mezzanotte.	자정입니다.

2 시간 표현

il giorno	하루	la giornata	하루, 낮
		di giorno	낮에
la mattina	아침	di mattina	아침에
la colazione	아침식사	fare colazione	아침식사를 하다
mezzogiorno	정오 (낮 12시)	il pomeriggio	오후, 낮
		di pomeriggio	오후에
il pranzo	점심식사	pranzare	점심식사를 하다
		la merenda	간식
la sera	저녁	l'aperitivo	아페리티보
		fare aperitivo	아페리티보를 하다
il cenone	저녁만찬	la cena	저녁
		cenare	저녁식사를 하다

la notte	밤	la mezzanotte	자정 (밤 12시)	di notte	밤에
l'altro ieri	그저께	ieri	어제	oggi	오늘
domani	내일	dopodomani	모레		

stamattina (= questa mattina)	오늘 아침에
domattina (= domani mattina)	내일 아침에
stasera (= questa sera)	오늘 저녁에
domani sera	내일 저녁에
stanotte (= questa notte)	간밤에, 오늘밤에
domani notte	내일 밤에

la settimana	주	il mese	달	l'anno	해
questa settimana	이번 주에	in questo mese	이번 달에	quest'anno	이번 해에
la settimana scorsa	지난주에	il mese scorso	지난달에	l'anno scorso	지난해에
la prossima settimana	다음주에	il prossimo mese	다음달에	il prossimo anno	다음해에

ESPRESSIONI

🎧 8-2

1 요일 물어보기

Q: Che giorno è oggi?   오늘은 무슨 요일이니?
A: Oggi è _____.   오늘은 _____이야.

    lunedì   월요일
    martedì   화요일
    mercoledì   수요일
    giovedì   목요일
    venerdì   금요일
    sabato   토요일
    domenica   일요일

2 월 물어보기

Q: In che mese siamo?   (지금) 몇 월이니?
A: Siamo nel mese di _____.   ____이야.

        gennaio   1월
        febbraio   2월
        marzo   3월
        aprile   4월
        maggio   5월
        giugno   6월
        luglio   7월
        agosto   8월
        settembre   9월
        ottobre   10월
        novembre   11월
        dicembre   12월

3 날짜 물어보기

Q: Che data è oggi?   오늘 날짜가 뭐니?
A: Oggi è il _____.   오늘은 _____이야.

        15 aprile   4월 15일
        23 giugno   6월 23일

APPROFONDIMENTO

🎧 8-3

Situazione ❶

상황 질문에 조심스럽게 (가정하여) 답하기

A: A che ora apre l'ufficio postale?
B: Se non sbaglio, apre alle 8.20.
A: Così presto? Sai a che ora chiudono?
B: Se non sbaglio, chiude alle 19.

A: 몇 시에 우체국이 여니?
B: 내가 틀리지 않다면, 8시 20분에 열어.
A: 그렇게 일찍 그들이? 몇 시에 문을 닫는지 아니?
B: 내가 틀리지 않다면, 19시에 문을 닫아.

Situazione ❷

상황 요일 묻고 답하기

A: Che giorno è oggi?
B: Oggi è domenica.
A: Che cosa fai domani?
B: Siccome domani è lunedì, vado al lavoro.
A: Ma il martedì sera, vuoi andare al Teatro alla Scala? Ho due
   biglietti per l'opera 《La Traviata》 di Giuseppe Verdi.
B: Volentieri! È la mia opera preferita!

A: 오늘 무슨 요일이지?
B: 오늘은 일요일이야.
A: 내일 뭐 하니?
B: 내일은 월요일이기 때문에 출근하지.
A: 그렇지만 화요일 저녁에 스칼라 극장에 가고 싶니? 주세페 베르디의 오페라 ≪라 트라비아타≫ 표 두 장
   이 있어.
B: 그럼 좋지! 내가 가장 좋아하는 오페라야!

COMUNICHIAMO

◉ 해석에 맞게 빈칸에 알맞은 달과 요일을 적어 다음 대화를 완성하고 말해 보세요.

A: Da quanto tempo lavori in questa azienda?
언제부터 이 회사에서 일하고 있는 거니?

B: Lavoro qui da ....
이곳에서 1월부터 일하고 있어.

A: Quanti giorni lavori alla settimana?
일주일에 며칠 동안 일하니?

B: Lavoro tutti i giorni lavorativi, da .... a ....
근무 요일인 월요일부터 금요일까지 전부 일하고 있어.

A: In ...., non vai in ferie?
8월에 휴가 안 가?

B: Durante il periodo di Ferragosto l'azienda chiude. Però non vado in vacanza ad ....
Perché da .... i prezzi del pernottamento e del trasporto salgono.
페라고스토 기간에 회사 문을 닫아. 하지만 8월에 나는 휴가를 가지 않아.
왜냐하면 7월부터 숙박 및 교통비용이 상승하기 때문이야.

A: Scusa ma in che data è il Ferragosto?
미안한데 페라고스토의 날짜가 어떻게 되더라?

B: È ....
8월 15일이야.

ESERCIZI

◎ 다음 해석에 주어진 시간을 이탈리아어로 읽어 보세요.

---| ESEMPIO |---

A: Che ore sono?   몇 시입니까?

B: <u>Sono le quindici e un quarto.</u>   15시 1/4분(오후 3:15)입니다.

---

1 A: Che ore sono?

몇 시입니까?

B: --

16시 반(오후 4:30)입니다.

2 A: A che ora ci vediamo?

우리 몇 시에 볼까?

B: --

18시 40분(오후 6:40)에 보자.

3 A: Sveglia! --

일어나! 아침 7시(오전 7:00)야!

B: Mamma, ancora 5 minuti, per favore.

엄마, 제발 5분만 더요.

4 A: Spegniamo la televisione e andiamo a letto.

TV를 끄고 자러 가자.

B: Di già? Che ore sono?

벌써? 지금 몇 시야?

A: --

벌써 자정(오전 00:00)이야.

5 A: A che ora comincia la prima lezione?

첫 번째 수업이 몇 시에 시작하지?

B: --

9시 20분 전(오전 8:40)에 시작해.

UNITÀ 09

위치·묘사

최후의 만찬에는 12명의 제자들과 예수님이 있습니다.

Nel Cenacolo ci sono i 12 apostoli e Gesù.

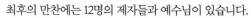

DIALOGO 🎧 9-1

Luca: Il Cenacolo si trova all'interno del Museo del Cenacolo Vinciano. È accanto alla Chiesa di Santa Maria delle Grazie.

Gloria: Eccoci qui! Prendiamo un'audioguida!

(Ammirando il Cenacolo)

Luca: Che meraviglia! Questo capolavoro è davvero incredibile. Proviamo ad ascoltare l'audioguida!

Audioguida: Nel Cenacolo ci sono i 12 apostoli e Gesù. C'è Gesù al centro della tavola. Gesù ha i capelli lunghi e castani. Nella parte inferiore del dipinto c'è una tavola lunga di legno. Sopra la tavola ci sono i piatti e i bicchieri. Dentro i bicchieri c'è del vino rosso. In fondo alla stanza, ci sono tre finestre. Dalle finestre possiamo vedere un paesaggio collinare.

루카: 최후의 만찬은 《다 빈치 최후의 만찬 박물관》 내부에 있어. 산타 마리아 델레 그라치에 성당 옆에 있지.

글로리아: 여기구나! 우리 음성가이드를 가져가자!

(최후의 만찬을 감상하면서)

루카: 놀라워라! 이 걸작은 정말 믿을 수 없어. 우리 음성가이드를 들어보자!

음성가이드: 최후의 만찬에는 12명의 제자들과 예수님이 있습니다. 예수님은 탁자의 중앙에 있습니다. 예수님의 머리는 길고 갈색입니다. 그림의 아랫부분에는 나무로 된 긴 탁자가 있습니다. 탁자 위에는 접시와 잔들이 있습니다. 유리잔 안에는 레드 와인이 있습니다. 방의 뒷부분에는 세 개의 창문이 있습니다. 창밖으로 언덕의 풍경을 볼 수 있습니다.

VOCABOLARIO

il Cenacolo 최후의 만찬
l'Ultima Cena 최후의 만찬
interno 내부의
l'audioguida 음성가이드
la meraviglia 경이로움
il capolavoro 걸작
incredibile 믿을 수 없는
l'apostolo 사도, 십이 사도
la tavola 식탁, 탁자
i capelli 머리카락
lungo 긴
castano 밤색의
inferiore 아래의, 낮은
il dipinto 회화, 그림
il legno 목재, 나무
il piatto 접시, 그릇
il bicchiere 유리잔
il paesaggio 풍경, 경치
collinare 언덕의

GRAMMATICA

1 ESSERCI ~이(가) 있다 《C'è / Ci sono》

이탈리아어에서 '~이(가) 있다'에 해당하는 표현은 사물/사람의 인칭과 수에 따라 essere 동사의 변형이 다릅니다. C'è / Ci sono 명사가 올 때는 보통 **부정관사, 부분관사 혹은 수량을 나타내는 표현**이 옵니다. 다만, 특정한 대상을 지칭할 경우에만 정관사를 수반합니다.

⊘ **C'è + 3인칭 단수**

C'è un bicchiere.	잔이 하나 있다.
C'è tanta gente.	많은 사람이 있다.
C'è un professore.	교수님 한 분이 계신다.

⊘ **Ci sono + 3인칭 복수**

Ci sono tre finestre.	창문이 세 개 있다.
Ci sono tanti libri.	많은 책이 있다.
Tu ci sei.	너가 있다.
Io ci sono.	내가 있다.

| ESSERCI와 ESSERE의 의미 비교 |

~이(가) 있다	Che cosa c'è?	무엇이 있나요?
~에 있다	Dov'è ~? / Dove sono ~?	어디에 ~가 있나요?

Che cosa c'è a Roma?	로마에는 무엇이 있나요?
A Roma c'è il Colosseo.	로마에는 콜로세움이 있습니다.
Dov'è il Colosseo?	콜로세움은 어디에 있나요?
Il Colosseo è a Roma.	콜로세움은 로마에 있습니다.

2 장소/위치를 나타내는 부사구

뒤에 명사가 나올 때 정관사와 전치사를 결합하여 쓰는 것이 매우 중요합니다.

⊘ dentro ~안에

Dentro la scatola ci sono delle mele.
상자 안에 사과들이 있다.

⊘ fuori ~밖에

Ci sono dei calciatori **fuori dal** campo.
축구장 밖에 몇몇 축구선수들이 있디.

⊘ su ~위

Il gatto è **sulla** sedia.
고양이는 의자 위에 있다.

⊘ sopra ~위

Sopra la tavola ci sono i bicchieri.
테이블 위에 잔들이 있다.

⊘ giù 아래로

Scendo **giù**!
아래로 내려갈게!

⊘ sotto ~아래

Sotto la tavola c'è un cane.
탁자 아래에 강아지가 있다.

⊘ davanti a ~앞에

C'è un pacco **davanti alla** porta di casa.
집 문 앞에 상자 하나가 있다.

⊘ di fronte a ~앞에, ~전면에

Ci vediamo **di fronte al** cinema!
영화관 앞에서 만나자!

⊘ dietro ～뒤에

Dietro casa mia c'è un grande parco.
나의 집 뒤에 큰 공원이 있다.

⊘ indietro ～뒤로, 역으로

Vado avanti e **indietro** per l'ufficio.
회사에 앞으로 뒤로(출퇴근/왔다 갔다 한다) 간다.

⊘ a sinistra ～왼쪽에

Tra circa 200m, svolta **a sinistra**.
약 200m 후에 왼쪽으로 도세요.

⊘ a destra ～오른쪽에

Gira **a destra** tra 500m.
500m 후에 오른쪽으로 도세요.

⊘ al centro di ～의 중앙에

Al centro della tavola c'è una bottiglia di vino.
테이블 중앙에 와인 한 병이 있다.

⊘ acconto a ～옆에

Voglio stare **accanto a** te.
너의 옆에 있고 싶다.

⊘ vicino a ～근처에

Vicino al Duomo c'è un ristorante buonissimo.
두오모 근처에 아주 맛있는 레스토랑이 있다.

⊘ lontano da ～에서 떨어져서

Lontano dagli occhi, vicino al cuore.
눈에서는 멀지만, 마음에는 가까이.

⊘ tra ～사이에

Il Duomo è **tra** il Palazzo Reale **e** la Galleria Vittorio Emanuele.
두오모는 왕궁과 비토리오 에마누엘레 갤러리 사이에 있다.

⊘ est / ovest / sud / nord 동 / 서 / 남 / 북

Vengo dalla Corea del **Sud**.
나는 남한에서 왔다.

95

3 부분관사

부정관사는 단수만을 표시하며 불특정한 대상을 지칭하며, '하나의'로 해석합니다. **부분 관사**는 불특정한 셀 수 없는 명사를 지칭할 때는 '**약간의**', 불특정한 복수명사를 지칭할 때는 '**몇몇의, 여럿의**'로 해석합니다. 부분관사 형태는 《전치사 di + 정관사》입니다. 부정관사 와 부분관사를 함께 알아야 합니다.

구분	부정관사	부분관사	
	단수	단수	복수
남성	un uno	del dello / dell'	dei degli
여성	una un'	della dell'	delle

un pane	(하나의) 빵	**del** pane	약간의 빵
uno zucchero	설탕	**dello** zucchero	약간의 설탕
un olio	오일, 기름	**dell'**olio	약간의 오일
una carne	고기	**della** carne	약간의 고기
un'acqua	물	**dell'**acqua	약간의 물
un museo	한 박물관	**dei** musei	몇몇의 박물관
uno spettacolo	한 공연	**degli** spettacoli	몇몇의 공연
una chiesa	한 교회	**delle** chiese	몇몇의 교회
un'esperienza	한 경험	**delle** esperienze	몇몇의 경험

4 형용사 BUONO의 불규칙 변화

형용사 Buono가 명사 앞에서 수식을 할 때, 그 단수의 형태가 부정관사처럼 변합니다.

구분	부정관사	**BUONO** (좋은)	
	단수	단수	복수
남성	un uno	buon buono	buoni
여성	una un'	buona buon'	buone

ESPRESSIONI   🎧 9-2

1 성격, 외양 묘사 형용사

affascinante	affidabile	allegro
매력적인	신뢰할 만한	행복한, 즐거운
amabile	antipatico	arrogante
사랑스러운	친절하지 않은	거만한
bravo	brutto	cattivo
훌륭한, 착한	못생긴	나쁜
coerente	contento	cortese
일관적인	즐거운, 만족한	정중한, 공손한
dinamico	dolce	educato
활동적인, 다이나믹한	달콤한, 상냥한	교육을 잘 받은, 예의 바른
freddo	generoso	indipendente
냉정한, 차가운	관대한, 자비로운	독립적인
intelligente	interessante	maleducato
명석한, 똑똑한	흥미로운	예의 없는
noioso	onesto	pigro
지루한	정직한	게으른
raffinato	romantico	sconosciuto
세련된, 정제된, 단정한	낭만적인	알려지지 않은, 낯선
serio	simpatico	sincero
진중한	유쾌한	진실된
sporco	timido	umile
더러운	낯을 가리는, 소심한	겸손한

APPROFONDIMENTO

🎧 9-3

Situazione **1**

상황 길 물어보기

A: Scusi, dov'è via della Spiga?

B: È proprio vicino. Allora, noi siamo in via Santo Spirito. Deve proseguire fino in fondo alla strada e poi girare a sinistra.

A: Ah, è proprio la via collegata con questa.

B: Esatto.

A: Grazie mille.

B: Si figuri!

A: 죄송합니다, 스피가 길이 어디인가요?

B: 아주 가까워요. 자, 우리는 산토 스피리토 길에 있어요. 이 길 끝까지 가세요 그리고 왼쪽으로 돌면 됩니다.

A: 아, 현재 길과 이어져 있군요.

B: 맞아요.

A: 감사합니다.

B: 별말씀을요!

COMUNICHIAMO

◉ **주어진 형용사를 성, 수 일치에 유의해서 사용하여 문장을 완성하고 말해 보세요.**

> alto 높은, 키가 큰   basso 낮은, 키가 작은   intelligente 똑똑한
>
> magro 날씬한   azzurro 하늘색의   verde 초록색의   bello 예쁜, 멋진
>
> simpatico 유쾌한   gentile 친절한   corto 짧은   lungo 긴
>
> castano 밤색의   acido 신   amaro 쓴   adorabile 사랑스러운
>
> biondo 금발의   grande 큰   dolce 달콤한

1   Diego è _____.   디에고는 키가 크다.

2   Lorenzo ha gli occhi _____.   로렌초는 파란 눈을 가지고 있다.

3   I bambini sono _____.   아이들은 키가 작다.

4   I miei figli sono _____.   나의 아들들은 똑똑하다.

5   L'amministratrice dell'università è _____ e _____.
    대학교 행정직원은 유쾌하고 친절하다.

6   Questi limoni non sono così _____.
    이 레몬들은 그렇게 시지 않다.

7   Giulia ha i capelli _____ e _____.
    줄리아는 금발에 긴 머리카락을 지니고 있다.

8   Anna è _____ e _____.
    안나는 날씬하고 키가 크다.

9   Francesca ha gli occhi _____ e _____.
    프란체스카는 큰 녹색 눈을 지니고 있다.

10 Tu hai dei _____ occhi _____.
    너는 예쁜 밤색 눈을 가지고 있구나.

11 Il caffè è _____ ma lo zucchero è _____.
    커피는 쓰지만 설탕은 달다.

ESERCIZI

◎ **다음 문장을 이탈리아어로 쓰고 말해 보세요.**

1 A: 테이블 위에 무엇이 있나요? _____

   B: 접시들과 잔들이 있습니다. _____

2 A: 문 뒤에 무엇이 있습니까? _____

   B: 고양이 두 마리가 있습니다. _____

3 A: 콜로세움은 어디에 있습니까? _____

   B: 로마에 있습니다. _____

4 A: 테이블 위에 무엇이 있습니까? _____

   B: 몇 권의 책이 있습니다. _____

5 A: 내 옆에 누가 있지? _____

   B: 내가 있지! _____

요리

Mi piace la Carbonara.

저는 까르보나라를 좋아합니다.

DIALOGO

🎧 10-1

spiegare 설명하다

la ricetta 레시피

la pasta 파스타 면

l'uovo 계란 (단수)

le uova 계란 (복수)

il guanciale
관찰레, 돼지의 볼살

il formaggio 치즈

fare bollire 끓게 하다

bollire (자동사) 끓다

gli spaghetti 스파게티 면

tagliare 자르다, 썰다

cuocere 익히다

la padella 프라이팬

l'olio 기름

il fuoco 불

mescolare 섞다

il tuorlo 노른자

scolare 물을 빼다

caldo 뜨거운

spegnere 불을 끄다

versare 붓다

amalgamare
섞다, 혼합시키다

semplice 간단한

cucinare 요리하다

assaggiare 맛보다

Gloria: Mi piace la Carbonara. Mi puoi spiegare la ricetta?

Luca: È molto semplice. Ci servono solo pasta, uova, guanciale e formaggio! Dobbiamo far bollire l'acqua e mettere gli spaghetti. Poi tagliamo il guanciale e lo cuociamo in una padella senza olio, a fuoco basso. Nel frattempo, mescoliamo due o tre tuorli con il pecorino e il pepe. Scoliamo gli spaghetti e li mettiamo nella padella calda del guanciale. E poi, a fuoco spento, versiamo la crema d'uovo sugli spaghetti e amalgamiamo bene. Tutto qui!

Gloria: È semplicissimo!

Luca: Se ti va, questo sabato ti invito a casa mia per pranzo e te la cucino.

Gloria: Volentieri. Mi fa piacere e non vedo l'ora di assaggiarla.

글로리아: 나는 까르보나라 스파게티를 좋아해. 레시피를 설명해줄 수 있어?

루카: 아주 간단해. 우리에게 필요한 것은 파스타, 계란들, 관찰레 그리고 치즈야! 우리는 물을 끓이고 스파게티를 넣어야 해. 그다음에 관찰레를 자르고, 프라이팬에 오일 없이 약한 불에서 익히는 거야. 그동안 두세 개의 계란 노른자에 페코리노 치즈와 후추를 넣고 섞어줘. 스파게티를 건져내고, 관찰레가 있는 뜨거운 팬에 넣어줘. 그리고 불을 끈 상태로 스파게티 위에 계란 노른자 크림을 붓고 잘 섞어줘. 이게 다야!

글로리아: 아주 쉽구나!

루카: 너가 원한다면, 이번 주 토요일 점심식사에 너를 초대하고 네게 그것을 요리해줄게.

글로리아: 기꺼이 가야지. 나야 좋아 그리고 그것을 얼른 먹어보고 싶다.

GRAMMATICA

1 목적격인칭대명사와 재귀대명사

이탈리아어 학습자들이 가장 헷갈려 하는 부분 중 하나가 목적격인칭대명사와 재귀대명사 부분입니다. 우선 모든 사항을 표로 한눈에 보고, 10과~12과에 걸쳐 하나씩 자세히 살펴보겠습니다.

구분	목적격인칭대명사				재귀대명사	
	간접목적격		직접목적격			
인칭	단수	복수	단수	복수	단수	복수
1인칭	mi	ci	mi	ci	mi	ci
2인칭	ti	vi	ti	vi	ti	vi
3인칭	gli le Le	gli	lo la La	li le	si	si

⊘ 문장 내에서의 위치

• 시제변화한 동사 앞, 명령법 3인칭 앞
• 동사원형, 제룬디오, 명령법(1인칭 복수, 2인칭 단·복수) 바로 뒤

2 간접목적격 인칭대명사 (~에게)

'~에게'에 해당하는 전치사 **a** + 전치격 인칭대명사가 합쳐지면 왼쪽의 표와 같고, 강세형(tonici)이라 합니다. 강세형을 하나의 음절로 표현한 것이 약세형(atoni)입니다.

구분	강세형 (Tonici)		약세형 (Atoni)			
인칭	단수	복수	단수		복수	
1인칭	a me	a noi	mi	나에게	ci	우리에게
2인칭	a te	a voi	ti	너에게	vi	너희에게
3인칭	a lui	a loro	gli	그에게	gli	그들에게 / 그녀들에게
	a lei		le	그녀에게		
	a Lei		Le	당신에게		

Adesso telefono **a Giorgia**.　지금 <u>조르쟈에게</u> 전화한다.

→ Adesso telefono **a lei**.　지금 <u>그녀에게</u> 전화한다.

→ Adesso **le** telefono.　지금 <u>그녀에게</u> 전화한다.

Che cosa regali **a Roberto**?　<u>로베르토에게</u> 무엇을 선물하니?

→ Che cosa regali **a lui**?　<u>그에게</u> 무엇을 선물하니?

→ Che cosa **gli** regali?　<u>그에게</u> 무엇을 선물하니?

3　**PIACERE류의 역구조동사**

'~을 좋아합니다'를 표현할 때 의미상의 주어는 '간접목적어'가 되며, 좋아하는 대상은 '주어'가 됩니다. 따라서 한국어 화자의 입장에서 **역구조**인 문장이 됩니다. 동사는 항상 주어의 인칭과 수에 일치하므로 좋아하는 대상에 일치합니다.

〈**PIACERE**의 직설법 현재〉

Io	piaccio	Noi	piacciamo
Tu	piaci	Voi	piacete
Lui, Lei, Lei	piace	Loro	piacciono

[한국어식]　나는 커피를 좋아한다.　　나는 고양이들을 좋아한다.

[이탈리아어식]　→ 커피가 <u>나에게</u> 좋다.　　→ 고양이들이 <u>나에게</u> 좋다.

Il caffè **a me** piace.　　I gatti **a me** piacciono.

Il caffè **mi** piace.　　I gatti **mi** piacciono.

→ **Mi** piace il caffè.　　→ **Mi** piacciono i gatti.

la mancanza
부족함, 필요함

⊘ **mancare**　~이 부족하다, 필요하다

너가 나에게 <u>부족하다</u>.　　서류들이 나에게 <u>부족하다</u>.

= 너가 필요하다(= 그립다).　　= 서류들이 필요하다.

Tu **a me** manchi.　　I documenti **a me** mancano.

Tu **mi** manchi.　　I documenti **mi** mancano.

→ **Mi** manchi tu.　　→ **Mi** mancano i documenti.

⊘ **fare male** 아프게 하다

[한국어식]	머리가 아프다.	양쪽 다리가 아프다.
[이탈리아어식]	→ 머리가 <u>나에게</u> 아프다.	→ 양쪽 다리가 <u>나에게</u> 아프다.
	La testa **a me** fa male.	Le gambe **a me** fanno male.
	La testa **mi** fa male.	Le gambe **mi** fanno male.
	→ **Mi** fa male la testa.	→ **Mi** fanno male le gambe.

⊘ **dispiacere** 싫어하다, 유감이다

Mi dispiace.
내게 유감입니다. / 미안합니다.

⊘ **servire** 필요하다

Mi serve il suo passaporto.
제게 당신의 여권이 필요합니다.

⊘ **andare** 좋아하다

Ti va di prendere un caffè?
커피 마시러 갈래?

⊘ **importare** 중요하다

Non mi importa.
내게 중요하지 않다(= 상관없다).

⊘ **dare fastidio** 성가시게 하다, 짜증나게 하다

Il suo comportamento mi dà fastidio.
그의 행동은 내게 짜증을 준다.

⊘ **interessare** 흥미를 갖게 하다

⊘ **parere** ~듯 하다

⊘ **attirare** 관심을 끌다

ESPRESSIONI

1 요식업 관련 단어

la gastronomia	미식	la ristorazione	요식업장
il locale	요식업장	il ristorante	식당, 레스토랑
la trattoria	식당	l'osteria	식당(좀 더 로컬한 곳)
il bar	카페, 바	la pizzeria	피자집
la cantina	와인 창고	l'enoteca	와인가게, 와인바
la salumeria	살라미, 햄 파는 곳	la macelleria	정육점
la pasticceria	베이커리 (디저트류)	la panetteria, il panificio	빵집

2 식기 관련 단어

il bicchiere	유리잔	il coltello	칼, 나이프
il cucchiaio	숟가락	il mestolo	국자
il piatto	접시	il tagliere	도마
il tovagliolo	냅킨	il vassoio	쟁반
la bottiglia	병	la caffettiera	모카 포트
la forchetta	포크	la grattugia	치즈 그라인더, 강판
la padella	프라이팬	la pentola	냄비
la saliera	소금통	la tazza	머그잔
la tazzina	에스프레소 잔, 작은 찻잔	la teglia	오븐 접시
le posate	수저(스푼, 포크, 나이프)	lo scolapasta	콜랜더, 채반
il frullatore	믹서기	la frusta	거품기

3 요리 재료 관련 단어

la carne	고기	il pollo	닭고기
il suino	돼지고기	la carne di maiale	돼지고기
la salsiccia	소시지, 살시챠	il prosciutto	프로슈토
il bovino	황소, 소고기	la bistecca di manzo	소고기 스테이크
il vitello	어린 소고기	il manzo	소고기
l'agnello	양고기	il tacchino	칠면조
il pesce	생선	il salmone	연어
il polpo	문어	il calamaro	오징어
il gambero	가재/새우	il gamberetto	새우
il tonno	참치	i frutti di mare	해산물
le cozze	홍합	le vongole	조개
i cannolicchi	키조개	le acciughe	안초비

④ 요리 관련 동사

cucinare	요리하다	Mi piace cucinare. 나는 요리하는 것을 좋아한다.
sbucciare	껍질을 벗기다	Sbuccio le patate. 나는 감자의 껍질을 벗긴다.
far bollire	끓이다	Faccio bollire l'acqua. 나는 물을 끓인다.
affettare	얇게 썰다, 자르다	Affettate le melanzane. 너희는 가지를 자른다.
aggiungere	더하다, 첨가하다	Aggiungo un po' di pepe. 후추를 첨가한다.
scaldare	데우다	Scaldiamo l'olio di oliva. 올리브유를 데운다.
asciugare	물기를 없애다, 말리다	Asciugatela con carta assorbente. 냅킨으로 물기를 없애라.
versare	붓다	Verso il sugo sugli spaghetti. 스파게티에 토마토 소스를 붓는다.
scolare	물기를 빼다	Scolo la pasta. 파스타 물을 버린다.
condire	양념하다, 간을 맞추다	Condite gli spaghetti con la salsa. 소스를 넣어 스파게티를 양념하세요.
schiacciare	누르다, 으깨다	Schiaccio i pomodori. 토마토를 으깬다.
impastare	반죽하다	Impasto la farina. 밀가루를 반죽한다.
lievitare	(효모를) 발효시키다, 숙성하다	Lievito l'impasto. 반죽을 숙성시킨다.
fermentare	발효하다	Fermentiamo il kimchi in un luogo fresco. 서늘한 장소에서 김치를 발효한다.
trittare	다지다	Tritto l'aglio. 마늘을 다진다.

APPROFONDIMENTO

🎧 10-3

Situazione ❶

상황 이탈리아의 식사에 대해 묻고 답하기

A: Quanti pasti ci sono in Italia?

B: Sono tre pasti: colazione, pranzo e cena.

A: In Italia la colazione è dolce o salata?

B: È dolce.

A: Cosa mangiano gli italiani per la colazione?

B: Molte volte noi mangiamo una brioche e beviamo un cappuccino.

A: 이탈리아에서는 몇 끼를 먹습니까?

B: 세 끼를 먹습니다. 아침, 점심 그리고 저녁입니다.

A: 이탈리아에서 아침식사는 달콤한가요 아니면 소금기가 있나요?

B: 달콤합니다.

A: 이탈리아 사람들은 아침식사로 무엇을 먹나요?

B: 많은 경우 크루아상 하나를 먹고 카푸치노 한 잔을 마십니다.

Situazione ❷

상황 관심 있는 것 물어보기

A: Ti interessa la cucina italiana?

B: Sì, mi interessa molto.

A: Ti piace cucinare?

B: No, non mi piace cucinare. Mi piace ordinare il cibo.

A: Perché non ti piace cucinare?

B: Perché mi dà fastidio lavare i piatti dopo aver mangiato.

A: 이탈리아 음식에 관심이 있니?

B: 그럼, 아주 관심이 많아.

A: 요리하는 것을 좋아하니?

B: 아니, 요리하는 것을 좋아하지 않아. 나는 음식 시켜 먹는 것을 좋아해.

A: 요리하는 것을 왜 좋아하지 않니?

B: 왜냐하면 음식을 먹고 나서 설거지하는 것이 성가시거든.

COMUNICHIAMO

⊚ PIACERE류의 동사를 사용하여 다음 대화를 완성하고 말해 보세요.

---

piacere 좋아하다   interesse 관심을 갖다   attirare 관심을 끌다
andare 가다, 좋아하다   servire 필요하다   mancare 부족하다, 필요하다
dare fastidio 성가시게 하다, 신경 쓰이게 하다

A: Perché ti 1 _____ (interessare) la Corea?
왜 한국에 관심이 있니?

B: Mi 2 _____ (interessare) la Corea per la sua
cultura. Mi 3 _____ (piacere) il K-pop. E poi mi
4 _____ (interessare) molto i drama coreani.
문화 때문에 한국에 관심이 있어. K-pop이 좋아. 그리고 한국 드라마들에 무척 관심
이 가.

A: Ti 5 _____ (attirare) i piatti coreani?
한국 음식에 관심이 있니?

B: Sì, mi 6 _____ (piacere) molto la Kimchi Jjigae.
A volte è troppo piccante, quindi mi 7 _____
(dare fastidio) un po' _____ . Ma è un piatto
molto saporito. Mi 8 _____ (mancare) i veri piatti
coreani.
응, 나는 김치찌개를 아주 좋아해. 가끔 너무 매워서 좀 거슬리기도 해. 하지만 정말
맛있는 음식이야. 진짜 한국 음식이 그립네.

A: Allora, se ti 9 _____ (andare), stasera andiamo
in un ristorante coreano? Conosco un locale molto buono
ed elegante.
그럼, 너가 원한다면, 오늘 저녁에 한국 식당에 같이 갈래? 정말 맛있고 세련된 곳을
알아.

B: Volentieri! Allora ci 10 _____ (servire) prenotare
per stasera!
나야 좋지! 그럼 오늘 저녁을 위해 우리에게 예약하는 게 필요하네!

ESERCIZI

◎ 다음 문장을 간접목적어를 사용하여 더욱 명료하게 표현해 보세요.

┤ ESEMPIO ├

Adesso telefono a mio fratello.   지금 나의 형/오빠에게 전화한다.

→ Adesso gli telefono.   지금 그에게 전화한다.

---

1 Marta telefona a me.

마르타는 내게 전화한다.

→ --

마르타는 내게 전화한다.

2 Quando vedo il professore, dico a lui che tu hai una domanda.

교수님을 뵈면, 그에게 너가 질문 있다고 말씀드릴게.

→ --

교수님을 뵈면, 그에게 너가 질문 있다고 말씀드릴게.

3 Spiego la lezione a Lucia.

나는 루치아에게 수업을 설명한다.

→ --

나는 그녀에게 수업을 설명한다.

4 Cosa ha raccontato Lorenzo a Marisa e Giorgia?

로렌초는 마리자와 조르쟈에게 무엇을 말했니?

→ --

로렌초는 그녀들에게 무엇을 말했니?

5 Voglio dare questi fiori a Lei.

이 꽃들을 당신께 드리고 싶어요.

→ --

이 꽃들을 당신께 드리고 싶어요.

UNITÀ 11

병원

Mi fa male la testa.

머리가 아파요.

DIALOGO

🎧 11-1

Medico: Buongiorno. Come si sente? Che sintomi ha?

Silvia: Buongiorno, dottore. Praticamente, ho un dolore pulsante alla testa e mi viene da vomitare.

Medico: Hai anche febbre o difficoltà respiratorie?

Silvia: Credo di no.

Medico: Ok, misuriamo la temperatura. 36,5°C. La temperatura è normale. Da quando ha i sintomi? Le succede spesso?

Silvia: Da questa mattina, quindi da 5 ore. È la prima volta che ho mal di testa e la nausea.

Medico: È l'emicrania. Le prescrivo l'aspirina. Così passa il dolore.

의사: 안녕하세요. 컨디션이 어떠신가요? 어떤 증상이 있죠?

실비아: 안녕하세요, 선생님. 사실, 머리에 두드리는 듯한 통증이 있고 구토를 하고 싶어요.

의사: 열이 있거나 호흡곤란 증상이 있습니까?

실비아: 그건 아닌 것 같아요.

의사: 그래요, 체온을 재 봅시다. 36.5℃. 정상 체온입니다. 언제부터 증상이 있었죠? (증상이) 자주 발생하나요?

실비아: 오늘 아침부터니까 5시간 전부터요. 두통과 구토 증상은 처음이에요.

의사: 편두통이네요. 아스피린을 처방해드리겠습니다. 그러면 고통이 가실 거예요.

VOCABOLARIO

il sintomo 증상

praticamente 사실상

il dolore 고통

pulsante 두드리는

la testa 머리

vomitare 구토하다

la febbre 열

la difficoltà 어려움

respiratorio 호흡기의

misurare 측정하다, 재다

la temperatura 온도

normale 정상적인

spesso 자주

mal di testa 두통

la nausea 멀미, 구토

l'emicrania 편두통

prescrivere 처방하다

GRAMMATICA

1 직접목적격 인칭대명사 (~을/를)

| 직접목적격 |

인칭	단수		복수	
1인칭	mi	나를	ci	우리를
2인칭	ti	너를	vi	너희를
3인칭	lo	그를/그것을	li	그들을/그것들을
	la	그녀를/그것을	le	그녀들을/그것들을
	La	당신을		

Lui **mi** accompagna a casa.　　　그는 나를 집에 데려다 준다.

(Io) **Ti** amo.　　　나는 너를 사랑한다.

Paola conosce **Diego**.　　　파올라는 디에고를 안다.
→ Paola **lo** conosce.　　　파올라는 그를 안다.

Diego conosce **Paola**.　　　디에고는 파올라를 안다.
→ Diego **la** conosce.　　　디에고는 그녀를 안다.

Mangio **gli spaghetti**.　　　스파게티를 먹는다.
→ **Li** mangio.　　　그것을 먹는다.

Compro **queste scarpe**.　　　이 신발을 산다.
→ **Le** compro.　　　이것을 산다.

gli spaghetti
스파게티 [남성복수]

le scarpe
신발 [여성복수]

2 복합목적격대명사

문장에 간접목적격 대명사와 직접목적격 대명사(3인칭)가 모두 있을 때, 간접목적격 대명사를 앞에 두며, 그 형태가 다음과 같이 합쳐지며 변화하게 됩니다.

TIP

ne는 부분, 수량을 나타내는 소사로써 '~부분을'의 의미를 가집니다.

간접목적격 / 직접목적격		lo	la	li	le	ne
나에게	mi	me lo	me la	me li	me le	me ne
너에게	ti	te lo	te la	te li	te le	te ne
그/그녀(당신)에게	gli/le	glielo	gliela	glieli	gliele	gliene
우리에게	ci	ce lo	ce la	ce li	ce le	ce ne
너희에게	vi	ve lo	ve la	ve li	ve le	ve ne
그들에게	gli	glielo	gliela	glieli	gliele	gliene

Luca regala **le rose a me**. 루카는 내게 장미들을 선물한다.
→ Luca **me le** regala. 루카는 내게 그것들을 선물한다.

Lui dice **la verità a Michela**. 그는 미켈라에게 진실을 말한다.
→ Lui **gliela** dice. 그는 그녀에게 그것을 말한다.

Marta dà **un bicchiere di vino a Giuseppe**. 마르타는 쥬세페에게 한 잔의 와인을 준다.
→ Marta **gliene** dà. 마르타는 그에게 그만큼을 준다.

3 FARE 동사의 활용

| FARE (하다, 만들다)의 직설법 현재 변화 |

Io	faccio	Noi	facciamo
Tu	fai	Voi	fate
Lui, Lei, Lei	fa	Loro	fanno

113

1) 하다, 만들다

Facciamo una passeggiata.　　　우리는 산책을 한다. / 우리 산책하자.

Faccio la pasta all'amatriciana.　　아마트리챠나 파스타를 만든다.

2) 사역동사 FARE – 하게 하다, 하게 만들다

Ti faccio sapere al più presto.　　최대한 빨리 네게 알게 해줄게(= 알려줄게).

Vi faccio vedere il mio lavoro.　　여러분에게 저의 작품을 보여줄게요.

3) 날씨의 표현 FARE

날씨는 인칭이 없으므로 (비인칭) 3인칭 단수로만 사용합니다.

Che tempo fa oggi?　　　오늘은 날씨가 어떤가요?

Fa caldo.　　　(날씨가) 따뜻하다. / 덥다.

④ LASCIARE 동사의 활용

| LASCIARE (남겨두다, 놔두다)의 직설법 현재 변화 |

Io	lascio	Noi	lasciamo
Tu	lasci	Voi	lasciate
Lui, Lei, Lei	lascia	Loro	lasciano

1) 남겨두다, 놔두다, 떠나다

Le lascio un messaggio.　　　당신에게 메시지를 남깁니다.

Marta ci lascia da mangiare.　　마르타는 우리에게 먹을 것을 남겨둔다.

2) 사역동사 LASCIARE – 하도록 놔두다, 허락하다

Ti lascio pensare.　　　너가 생각하도록 놔둔다.

Lasciami stare.　　　나를 내버려 둬.

Mio padre non mi lascia guardare la TV fino a tardi.
우리 아버지는 늦게까지 TV 시청하는 것을 내게 허락하시지 않는다.

(ESPRESSIONI)   🎧 11-2

1 신체부위 통증 관련 표현

- **Avere mal di** 신체부위   ~이(가) 아프다

  Ho mal di _____.   나는 _____이(가) 아프다.

  testa   머리

  pancia   배

  gola   목구멍

  schiena   등

- **Avere male a** 신체부위   ~에 고통이 있다

  Ho male _____.   나는 _____에 고통이 있다.

  al collo   목

  al piede   발

  alla gamba destra   오른쪽 다리

  alla gamba sinistra   왼쪽 다리

- **Mi fa male** + 정관사 + 신체부위 (단수)   ~이(가) 아프다(나를 아프게 한다)

  Mi fa male _____.   나는 _____이(가) 아프다.

  il braccio   팔

  il naso   코

  lo stomaco   배

  la gola   목구멍

- **Mi fanno male** + 정관사 + 신체부위 (복수)   ~이 아프다(나를 아프게 한다)

  Mi fanno male _____.   나는 _____이 아프다.

  i denti   치아들

  gli occhi   눈들

  le gambe   다리들

  le cosce   허벅지들

2 날씨 표현하기

Q:	Che tempo fa oggi?	오늘 날씨가 어때요?
A:	Fa caldo.	더워요.
	Fa freddo.	추워요.
	Fa bel tempo.	좋은 날씨예요.
	Fa cattivo(= brutto) tempo.	궂은 날씨예요.
	C'è il sole.	맑습니다.
	C'è la pioggia.	비가 옵니다.
	C'è la grandine.	우박이 내립니다.
	C'è l'arcobaleno.	무지개가 있습니다.
	C'è un temporale.	(천둥·번개를 동반한 강한) 비가 내립니다.
	Ci sono le nuvole.	구름이 있습니다.
	Piove (tanto).	비가 (많이) 옵니다.
	Piove a dirotto.	비가 퍼붓듯이 옵니다.
	Nevica (tanto).	눈이 (많이) 옵니다.
	Tira vento.	바람이 붑니다.
	È nuvoloso.	흐립니다. / 구름 낀 날씨입니다.
	È secco.	건조합니다.
	È umido.	습합니다.
	È sereno.	평온한 날씨입니다.

3 날씨 관련 단어

il meteo	기상(예보)	la previsione del tempo	일기예보
il tempo	날씨, 시간	il clima	기후
la nebbia	안개	l'umidità	습도, 습기
la brezza	산들바람	il vento	바람
la temperatura	기온	la pioggia	비
il lampo	번개	il fulmine	번개
il tuono	천둥	la neve	눈
il terremoto	지진	l'alluvione	홍수
la grandine	우박	il maltempo	궂은 날씨
il calore	열, 더위	la visibilità	가시거리
la precipitazione	강수(량)	la qualità dell'aria	대기질
le polveri sottili	미세먼지	l'inquinamento	오염
lo smog	스모그	l'ambiente	환경

APPROFONDIMENTO

Situazione ①

상황 텔레마케팅 전화를 받았을 때

Operatrice: Salve, sono Federica di Vodafone. **La contatto** perché abbiamo delle nuove offerte sulla Fibra. Siccome Lei sta usando Vodafone come operatore, **non le sarà addebitato** nessun costo di attivazione. Inoltre, per i primi 6 mesi NOW TV Cinema è incluso nel piano. **Le offriamo** internet alla massima velocità. E per il suo smartphone **le regaliamo** i minuti illimitati, i Giga illimitati e SMS illimitati. Tutto incluso, costa a soli 39,90 euro al mese. **Le potrebbe interessare**?

Cliente: Sì, **mi interessa.** Il prezzo è interessante. Ma adesso sto usando la Fastweb per la connessione internet a casa. E poi, non è ancora terminato il periodo contrattuale con Fastweb. **Mi dispiace.** Sarà per la prossima volta! **La ringrazio** e buon lavoro.

Operatrice: Grazie per la sua gentile risposta. Allora **la contatterò** in un'altra occasione con un'offerta migliore. **Le auguro** una buona giornata.

상담원: 안녕하세요, 저는 보다폰의 페데리카입니다. 신규 광케이블(인터넷) 프로모션이 있어서 연락드립니다. 통신사로 보다폰을 사용하고 계시는 고객님이셔서 가입비는 전혀 청구되지 않을 겁니다. 또한 처음 6개월 동안 요금제 안에 NOW TV 영화가 포함됩니다. 초고속 인터넷을 제공해드립니다. 그리고 스마트폰의 경우에는 무제한 전화통화, 무제한 인터넷, 무제한 SMS를 제공해드립니다. 모두 포함해서 한 달에 오직 39.9유로입니다. 관심이 있으신가요?

고객: 네, 관심이 있어요. 가격이 흥미롭네요. 하지만 지금은 가정 인터넷으로 페스트웹을 사용 중입니다. 그리고 아직 페스트웹과 약정 기간이 남아있어요. 죄송합니다. 다음 기회에요! 감사하고 수고하세요.

상담원: 친절한 답변 감사드립니다. 그러면 다음 기회에 더 좋은 프로모션으로 연락드리겠습니다. 좋은 하루 보내세요.

COMUNICHIAMO

◎ 주어진 증상을 나타내는 표현을 적절히 넣어 다음 대화를 완성하고 말해 보세요.

> respirare 호흡하다 soffrire 고통을 겪다, 시달리다 starnutire 재채기하다
> la gola 목구멍 allergia 알레르기 (X2) il naso chiuso 코막힘

A: Marco, non hai una bella cera. Stai bene?
마르코, 안색이 안 좋네. 괜찮아?

B: Mi fa male 1 ＿＿＿＿＿. E ho 2 ＿＿＿＿＿＿＿.
Quindi non riesco a 3 ＿＿＿＿＿ bene.
목이 아파. 그리고 코도 막혔어. 그래서 숨을 제대로 쉴 수가 없어.

A: Che succede?
무슨 일이야?

B: Sai, in realtà 4 ＿＿＿＿＿ di 5 ＿＿＿＿＿ ai pollini.
사실, 꽃가루 알레르기에 시달리고 있어.

A: Oh, mi dispiace.
오, 안됐구나.

B: Eccì, eccì, eccì, eccì, eccì.
에취, 에취, 에취, 에취, 에취.

A: Salute!
쌀루테! (재채기했을 때 하는 말)

B: Scusa, 6 ＿＿＿＿＿ tantissimo per l' 7 ＿＿＿＿＿.
미안, 알레르기 때문에 재채기를 아주 많이 하네.

A: Poverino.
가여워라.

ESERCIZI

◎ 다음 문장을 직접목적어를 사용하여 더욱 명료하게 표현해 보세요.

┤ ESEMPIO ├

Conosco **Paolo** da 10 anni.   10년 전부터 파올로를 알고 지낸다.

→ **Lo** Conosco da 10 anni.   10년 전부터 그를 알고 지낸다.

1 Vuoi comprare queste scarpe?

이 신발을 사고 싶니?

→ _____

이것들을 사고 싶니?

2 Voglio provare gli spaghetti alle vongole.

봉골레 스파게티를 먹어보고 싶다.

→ _____

그것을 먹어보고 싶다.

3 Laura canta la canzone di Alessandra Amoroso.

라우라는 알레산드라 아모로조의 노래를 부른다.

→ _____

라우라는 그것을 부른다.

4 Io non prendo un caffè.

나는 커피를 마시지 않는다.

→ _____

나는 그것을 마시지 않는다.

5 Hai trovato il tuo cellulare?

너의 휴대폰을 찾았니?

→ _____

그것을 찾았니?

일과

Mi addormento alle 23 e mi sveglio alle 7.

(DIALOGO)   🎧 12-1

VOCABOLARIO

di solito 보통

alzarsi 일어나다

svegliarsi
잠에서 (정신이) 깨다

lontano 먼

l'ufficio 사무실

lavarsi 씻다

farsi la barba 면도하다

farsi la doccia 샤워하다

vestirsi 옷을 입다

la colazione 아침식사

veloce 빠른

il giornale 신문

addormentarsi 잠들다

il riso 밥, 쌀

il riso integrale 잡곡밥

la zuppa 국, 스프

il contorno
반찬, 사이드 메뉴

truccarsi 화장하다

Juni: Di solito a che ora ti alzi?

Matteo: Mi sveglio tutti i giorni alle 6 di mattina.

Juni: Così presto?

Matteo: Sì, perché il mio luogo di lavoro è lontano da casa mia.

Juni: Cosa fai quando ti alzi alla mattina?

Matteo: Mi lavo i denti, mi faccio la barba, mi faccio la doccia e mi vesto. Ogni giorno alle 7 esco di casa e vado in un bar. Nel bar faccio una colazione veloce con un cornetto e un cappuccino. Spesso leggo il giornale sul tablet mentre faccio colazione. E alle 7 e mezza vado al lavoro. Com'è la tua routine?

Juni: Di solito mi addormento alle 23 e mi sveglio alle 7. Mi lavo e mi vesto. Faccio colazione con del riso integrale, una zuppa e dei contorni. Mi trucco, esco di casa alle 8 e vado all'università.

주니: 보통 몇 시에 일어나?

마테오: 매일 아침 6시에 잠에서 깨.

주니: 그렇게 일찍?

마테오: 응, 왜냐하면 직장이 집에서 멀리 있거든.

주니: 아침에 일어나면 무엇을 하니?

마테오: 양치질을 하고, 면도를 하고, 샤워하고 옷을 입어. 매일 7시에 집에서 나서서 카페로 가지. 카페에서 크루아상과 카푸치노로 빠르게 아침식사를 해. 아침을 먹으면서 태블릿으로 신문을 자주 읽어. 그리고 7시 반에 출근해. 너의 일상은 어떠니?

주니: 보통 밤 11시에 잠들고, 아침 7시에 깨. 씻고 옷을 입어. 잡곡밥, 국, 반찬으로 아침식사를 해. 화장을 하고 아침 8시에 집에서 나서서 대학교로 가.

GRAMMATICA

1 재귀대명사 (~스스로에게 / ~스스로를)

10과와 11과에 걸쳐 간접 및 직접목적격 인칭대명사를 배웠습니다. 재귀대명사는 간접
및 직접목적격 인칭대명사의 의미를 내포하여 문맥에 따라 '~스스로에게' 혹은 '~스스
로를'이라고 해석합니다. 재귀대명사는 재귀동사와 함께 합하여 사용됩니다.

| 재귀대명사 |

인칭	단수	복수
1인칭	mi	ci
2인칭	ti	vi
3인칭	si	si

2 재귀동사 (I Verbi Riflessivi)

'재귀'란 다시 돌아온다는 의미입니다. '재귀동사'는 주어가 행한 동작이 주어에게 다시
돌아온다는 의미입니다. 타동사에 재귀대명사가 합쳐져 자동사의 의미가 되는 경우가
많습니다.

lavare (~을/를) 씻다, 씻기다 　　　[타동사]
Lavo i suoi piedi. 　　　　　　　나는 그의 발을 씻긴다.

lavarsi (스스로를) 씻다 　　　　　[재귀동사]
Mi lavo i piedi. 　　　　　　　　나는 (나의) 발을 씻는다.

lavarsi (스스로를) 씻다의 직설법 　[현재 변화]

mi lavo	(내 스스로를) 씻는다	ci laviamo	(우리 스스로를) 씻는다
ti lavi	(너 스스로를) 씻는다	vi lavate	(너희 스스로를) 씻는다
si lava	(그, 그녀, 당신 스스로를) 씻는다	si lavano	(그들, 그녀들 스스로를) 씻는다

타동사		재귀동사	
addormentare	잠재우다	addormentarsi	잠들다
chiamare	(~을/를) 부르다	chiamarsi	(이름이) ~라 불린다
dimenticare	잊어버리다	dimenticarsi	잊다
divertire	즐겁게 하다	divertirsi	즐기다
mettere	두다, 놓다, 입히다	mettersi	착용하다
muovere	움직이다	muoversi	(스스로를) 움직이다
pettinare	머리를 빗기다	pettinarsi	머리를 (스스로) 빗다
preparare	(~을/를) 준비하다	prepararsi	(스스로를) 준비하다
riposare	쉬게 하다	riposarsi	쉬다
sentire	듣다, 느끼다	sentirsi	느끼다
spaventare	놀라게 하다	spaventarsi	놀라다
stancare	피곤하게 하다	stancarsi	피곤해지다
svegliare	깨우다	svegliarsi	깨어나다
trasferire	옮기다	trasferirsi	이사하다
truccare	메이크업을 해주다	truccarsi	(스스로) 메이크업을 하다
vestire	옷을 입히다	vestirsi	(스스로) 옷을 입다

자동사		재귀동사	
arrabbiare	감정에 사로잡히다	arrabbiarsi	화내다, 화가 나다
sedere	앉다	sedersi	앉다, 착석하다

3 상호의 재귀동사 (I Verbi Riflessivi Reciproci)

1, 2, 3인칭 복수형으로 사용하여 '서로서로에게 / 서로서로를'의 의미를 가지는 상호의
재귀동사가 있습니다.

⊘ **abbracciarsi** 안기다

Marta e Diego si abbracciano.
마르타와 디에고는 서로 포옹한다.

⊘ **salutarsi** 인사하다

Noi ci salutiamo.
우리는 서로 인사한다.

⊘ **picchiarsi** 때리다

Loro si picchiano.
그들은 서로 때린다.

⊘ **conoscersi** 서로 알다

Ci conosciamo da anni.
우리는 오래전부터 서로 알고 지낸다.

⊘ **vedersi** 서로 보다, 만나다

Ci vediamo domani.
우리 (서로) 내일 만나자.

⊘ **aiutarsi** 서로 도와주다

Mio padre e mia madre si aiutano in cucina.
우리 아버지와 어머니는 주방에서 서로를 돕는다.

4 빈도부사

빈도부사는 어떤 행동을 얼마나 자주 하는지 나타내는 부사입니다.

la volta	~회, ~번	una volta al giorno	하루에 한 번
due volte alla settimana	일주일에 두 번	cinque volte al mese	한달에 다섯 번
ogni due giorni	매 이틀마다	ogni giorno	매일매일
tutti i giorni	매일매일	tutto il giorno	하루 종일

sempre	항상	di solito	보통
generalmente, in genere	보통, 일반적으로	spesso	자주
molte volte	여러 번	parecchie volte, diverse volte	수차례
qualche volta	때때로	ogni tanto	종종, 가끔
occasionalmente	때때로, 이따금	di tanto in tanto	때때로
a volte	때때로	raramente	드물게
(non...) quasi mai	거의 ~하지 않는다	(non...) mai	절대 ~하지 않는다

Studio tutti i giorni.

Vado in palestra una volta alla settimana.

Il lunedì spesso mi alzo alle 6 di mattina.

Qualche volta vado al mare con i miei.

Non bevo mai alcolici.

매일매일 공부를 한다.

일주일에 한 번 헬스클럽에 간다.

월요일에는 아침 6시에 자주 일어난다.

때때로 부모님과 바다에 간다.

술을 절대 마시지 않는다.

ESPRESSIONI

🎧 12-2

1 식사 관련 표현

la colazione	아침식사	fare colazione	아침식사를 하다
il pranzo	점심식사	pranzare	점심식사를 하다
la cena	저녁식사	cenare	저녁식사를 하다
andare a cena	저녁식사하러 가다	la merenda	간식
fare merenda	간식을 먹다	l'aperitivo*	아페리티보
fare aperitivo	아페리티보를 하다	il locale*	요식업장
il ristorante	레스토랑, 식당	la trattoria*	식당
l'osteria*	식당	il bistrot	작은 카페 겸 식당
la pizzeria	피자집	il bar	바, 카페
la tavola calda*	스낵바	all you can eat	무한리필집 (주로 일본음식점)
la birreria	맥주집	il birrificio	수제맥주집
la vineria	와인바	l'enoteca	와인바, 와인가게
l'autogrill*	고속도로 휴게소	il coperto	자릿세, 서비스료

A: Dove dovrei andare a bere una buona birra artigianale a Milano?
   밀라노에서 맛있는 수제맥주를 마시려면 어디로 가야 할까?

B: Prova ad andare al Birrificio Lambrate.
   람브라테 수제맥주집에 가봐.

🔖 TIP

l'aperitivo
저녁식사 전 혹은 저녁식사 대용으로 칵테일과 핑거푸드를 먹는 것을 의미합니다.

il locale
먹거나 마실 수 있는 모든 장소를 통칭합니다.

la trattoria
주로 지역 특색이 담긴 요리를 하며 ristorante보다 가격은 낮습니다.

l'osteria
과거에는 주막, 여인숙 같은 곳이었으나, 현대에는 좀 더 지역 특색이 담긴 로컬한 음식점을 의미합니다.

la tavola calda
주로 카페에서 영업하는 빠르게 점심을 먹을 수 있는 곳을 의미합니다.

l'autogrill
본래 업체명이지만 휴게소의 의미로 사용됩니다.

APPROFONDIMENTO

🎧 12-3

Situazione ❶

 아침 습관 얘기하기

> A: A che ora ti svegli al mattino?
> B: Mi sveglio alle sei.
> A: Così presto? E ti alzi subito?
> B: Sì, mi alzo subito. Mi lavo e mi trucco in fretta. Mi sbrigo per arrivare al lavoro in tempo.

A: 아침에 몇 시에 일어나니?

B: 나는 아침 6시에 일어나.

A: 그렇게 일찍? 바로 (자리에서) 일어나니?

B: 응, 곧바로 일어나. 씻고 빠르게 화장을 해. 제시간에 출근하기 위해서 서두르지.

Situazione ❷

상황 아침식사로 먹는 메뉴 얘기하기

> A: Cosa mangi per la colazione?
> B: Mangio un cornetto con un caffè fatto con la moka. E tu?
> A: Faccio colazione con latte e cereali. E prendo anche un cappuccino al bar sotto casa mia.
> B: Fai una colazione piuttosto abbondante!

A: 아침식사로 무엇을 먹니?

B: 크루아상과 모카포트로 내린 커피를 함께 먹어. 너는?

A: 우유와 시리얼을 먹어. 그리고 집 아래에 있는 카페에서 카푸치노 한 잔을 마셔.

B: 꽤 풍족한 아침식사를 하는구나!

COMUNICHIAMO

◎ 주어진 재귀동사를 빈칸에 알맞은 형태로 넣어 문장을 완성하고 말해 보세요.

innamorarsi 사랑에 빠지다　lamentarsi 불평하다　annoiarsi 지루해하다
rilassarsi 편하게 있다　divertirsi 즐기다　impegnarsi 노력하다
pettinarsi 머리를 빗다　truccarsi 화장을 하다　stancarsi 지치다
sedersi 앉다　sentirsi 느끼다　sposarsi 결혼하다
chiamarsi 이름이 ~입니다　incontrarsi 서로 만나다

La settimana prossima mia sorella Marta 1 _____ !

Lo sposo 2 _____ Francesco. Vi racconto la loro
storia!

Torniamo indietro di 5 anni! Loro due 3 _____
in ufficio come colleghi. Marta è una ragazza molto timida e
riservata.

Quindi, a casa, 4 _____ sempre del suo lavoro:
《5 _____ a stare con gli altri e
6 _____ di ripetere le stesse cose!》

Un giorno Francesco 7 _____ davanti a lei e
le chiede: 《Ehi, Marta, come mai sei così stressata?》 E mia
sorella gli risponde così: 《Mi impegno tanto per concludere
questo progetto e 8 _____ .》 Francesco le dice:
《9 _____ devi _____ un po'. Se non
10 _____ bene ora, perché non prendiamo un
caffè?》 Così, man mano inizia la loro storia d'amore.

Dopo quel momento, lei non 11 _____ più del
suo lavoro. Anzi, 12 _____ a lavorare. Adesso?
Lei è davanti allo specchio. 13 _____ e
14 _____ per uscire con Francesco.

해석

다음주에 우리 언니 마르타가 결혼해요! 신랑의 이름은 프란체스코랍니다. 여러분께 이들의 사랑 이야기를 알려드릴게요!
5년 전으로 되돌아가 봅시다! 이 둘은 동료로서 서로 만나게 됩니다. 마르타는 정말 소심하고 신중한 사람이에요.
그래서 집에서 항상 일에 대해 불평을 했죠. "다른 사람들과 어울리는 게 지루하고 같은 일을 반복하는 게 질려!"
하루는 프란체스코가 그녀의 앞에 앉고, 그녀에게 묻습니다. "마르타, 어째서 그렇게 스트레스를 받은 거니?" 그리고 우리 언니는 이렇게 대답합니다. "이 프로젝트를 끝내려고 많이 노력을 하는데, 지친다." 프란체스코가 말합니다. "너는 조금 릴렉스 해야 해. 지금 컨디션이 좋지 않다면, 우리 커피 마시러 가지 않을래?" 그렇게 그들의 러브스토리가 조금씩 시작됩니다.
그 이후에, 그녀는 더 이상 일에 대해 불평하지 않고 오히려 일을 즐깁니다. 지금이요? 거울 앞에 있습니다. 프란체스코와 데이트를 하기 위해 머리를 빗고 화장을 합니다.

ESERCIZI

1 다음 문장을 이탈리아어로 쓰고 말해 보세요.

1 A: 몇 시에 일어나니?

_____

B: 7시에 일어나.

_____

2 A: 몇 시에 잠에 드니?

_____

B: 23시에 잠에 들어.

_____

2 다음 빈칸에 재귀동사를 현재형으로 바꾸어 쓰세요.

1 _____ (preoccuparsi) se non rispondi al telefono.

너가 전화를 받지 않으면 걱정한다.

2 Quando lei vede dei cani grandi _____ (spaventarsi).

그녀는 큰 개들을 보면 놀란다.

3 Maria e Luisa _____ (truccarsi).

마리아와 루이자는 화장을 한다.

4 _____ (lavarsi) i denti.

너는 양치질을 한다.

5 Non _____ (dimenticarsi) di spegnere la luce quando usciamo.

우리는 나갈 때 불을 끄는 것을 잊지 않는다.

축구

지금 친구들과 축구 경기를 보고 있어요.
Ora sto guardando la partita con gli amici.

DIALOGO 🎧 13-1

Luca: Pronto! Ciao, Gloria, come stai?

Gloria: Ciao, Luca. Benissimo, grazie. Senti, vuoi andare in un ristorante coreano stasera?

Luca: Grazie per l'invito ma sono allo stadio di San Siro. Ora sto guardando la partita con gli amici. Il Milan sta giocando contro la Juventus.

Gloria: Per quale squadra stai tifando?

Luca: Sto tifando per il Milan. Lo sai che questa partita è molto importante, vero?

Gloria: Immagino! Come sta andando la partita?

Luca: Adesso il Milan sta vincendo 3 a 2. I calciatori stanno correndo per un altro gol. Proprio ora stanno per segnare! Wow, gol! Il Milan è 4 a 2. Sensazionale!

Gloria: La partita sta andando molto bene! Allora, buon divertimento!

Luca: Grazie mille! Ci sentiamo più tardi!

VOCABOLARIO

stasera 오늘 저녁

l'invito 초대

lo stadio 경기장

la partita (축구) 경기

giocare 놀다, 게임하다

contro 대항하여

la squadra 팀

tifare 응원하다

vincere 이기다

il calciatore 축구선수

correre 뛰다

segnare 표시하다, 득점하다

sensazionale 선풍적인, 인상 깊은

루카: 여보세요! 안녕, 글로리아, 어때?

글로리아: 안녕, 루카. 아주 좋아, 고마워. 들어봐, 오늘 저녁에 한국 식당에 가고 싶니?

루카: 초대해줘서 고맙지만 산 시로 경기장이야. 지금 친구들과 축구 경기를 보고 있어. AC밀란이 유벤투스를 상대로 경기하는 중이야.

글로리아: 너는 어떤 팀을 응원하는 중이니?

루카: 나는 AC밀란을 위해 응원하는 중이야. 이 경기가 매우 중요하다는 걸 알지, 그렇지?

글로리아: 그래 예상이 간다! 지금 경기가 어떻게 되어 가고 있니?

루카: 지금 AC밀란이 3대 2로 이기는 중이야. 다시 골을 넣기 위해 축구선수들이 뛰고 있어. 지금 막 골을 넣을 참이야! 우와, 골! AC밀란이 4대 2야. 아주 놀라워!

글로리아: 경기가 아주 잘 흘러가고 있구나! 그럼, 즐거운 시간 보내!

루카: 정말 고마워! 이따 연락하자!

GRAMMATICA

1 제룬디오

행동의 진행을 나타내며, '~하면서, ~함으로써'로 해석합니다.

〈규칙 제룬디오〉

-ARE	-ando
-ERE	-endo
-IRE	-endo

parl**are** 말하다	→	parl**ando** 말하면서
ved**ere** 보다	→	ved**endo** 보면서
cop**rire** 덮다	→	cop**rendo** 덮으면서

〈불규칙 제룬디오〉

dire 말하다	→	dicendo 말하면서
fare 하다, 만들다	→	facendo 하면서, 만들면서
tradurre 번역하다	→	traducendo 번역하면서
condurre 운전하다	→	conducendo 운전하면서
porre 놓다, 두다	→	ponendo 놓아두면서

Mangio pizza mentre **guardando** TV.
TV를 보면서 피자를 먹는다.

Essendo troppo stanco, preferisco stare a casa.
너무 피곤하기 때문에, 집에 있고 싶다.

Sono arrivato a casa **correndo**.
뛰어서 집에 도착했다.

Sbagliando si impara.
실수하면서 배운다.

Il bambino parla **piangendo**.
아이가 울면서 말한다.

2 현재진행

STARE의 직설법 현재시제에 제룬디오를 합하여 만듭니다. '~하고 있습니다, ~하는 중입니다'로 해석합니다.

〈STARE의 직설법 현재시제〉				+	〈제룬디오〉
Io	sto	Noi	stiamo		parlando
Tu	stai	Voi	state		scrivendo
Lui, Lei, Lei	sta	Loro	stanno		dormendo

Cosa **stai facendo**?
무엇을 하고 있니?

Sto guardando la partita.
(축구) 경기를 보고 있어.

Stiamo aspettando l'autobus da 30 minuti.
30분 전부터 버스를 기다리고 있다.

La Juventus **sta vincendo**.
유벤투스가 이기고 있다.

3 stare per 동사원형 (막 ~할 참이다, 곧 ~하려고 한다)

Sta per leggere un libro.
책을 읽으려고 한다.

Sto per uscire di casa.
집에서 나가려고 한다.

Stiamo per studiare l'inglese.
우리는 영어공부를 하려고 한다.

La Juventus sta per vincere ma l'arbitro fischia un rigore contro di loro.
유벤투스가 승리할 참인데, 심판이 페널티 킥을 선언한다.

I miei amici stanno per andare via.
내 친구들이 이제 막 가려고 한다.

ESPRESSIONI

1 취미 말하기

Q: Che cosa fai nel tempo libero? 여가시간에 무엇을 하니?

A: Mi piace _____. 나는 _____ 좋아해요.

giocare a tennis	테니스하는 것을
giocare a calcio	축구하는 것을
giocare con il computer	컴퓨터 하는 것을
andare in bicicletta	자전거 타는 것을
cucinare	요리하는 것을
fare sport	운동하는 것을
fare yoga	요가하는 것을
ascoltare musica	음악 듣는 것을
leggere il giornale	신문 읽는 것을
leggere il libro	책을 읽는 것을
guardare la tv	TV 보는 것을
mangiare fuori	외식하는 것을
uscire con gli amici	친구들과 밖에서 노는 것을

2 축구 관련 표현

il calcio	seguire il calcio
축구	축구(경기의 흐름)를 따르다

Q: Segui il calcio? 축구 경기를 자주 보니?

A: Amo il calcio, ma non lo seguo. 축구를 사랑하지만, 축구 경기를 따라다니지는 않아요.

Seguo sempre la Juventus. 항상 유벤투스를 따라다녀요.

No, non seguo il calcio. 축구 경기를 보지 않아요.

Seguo tutte le partite. 모든 경기를 따라서 봐요.

Lo seguivo tempo fa ma ora non lo seguo più. 예전에는 축구를 따랐는데, 지금은 더 이상 따르지 않아요.

3 축구 관련 필수 단어

andare a fare gol	골을 넣으러 가다	difendere	수비하다
fare gol	골을 넣다	giocare	경기하다
rimontare	만회하다	segnare	득점하다 / 골을 넣다
tifare	응원하다	i tifosi	축구 팬, 응원하는 팬
il calcio d'angolo	코너킥	il calcio di rigore	페널티킥
il calcio di punizione	프리킥	il calcio di punizione diretto	직접 프리킥
il calcio di punizione indiretto	간접 프리킥	il calcio di rinvio	골킥 (goal kick)
la rimessa dalla linea laterale	스로인 (throw-in)	l'area di rigore	페널티 에어리어
il campionato	챔피언십	il campo di gioco	축구장
il cartellino giallo	옐로카드	il cartellino rosso	레드카드
il calciatore	축구선수	il centro campista	미드필더
il difensore	수비수	il portiere	골키퍼
l'attacante	공격수	l'arbitro	심판
il mister, l'allenatore	코치	il fischio di inizio	시작 휘슬
la partita	경기	la vittoria	이김, 승리
il pareggio	비김	la sconfitta	짐, 패배
il primo tempo	전반전	il secondo tempo	후반전
in tempo reale	실시간	i tempi supplementari	추가 시간
il punteggio	점수	il risultato	결과
il tiro	슛	la classifica	랭킹
la coppa	컵	la palla / il pallone	공
la panchina	벤치	la sostituzione	교체
la sponsorizzazione	스폰서	la squadra	팀
l'autogol	자살골	l'infortunio	부상

APPROFONDIMENTO

Situazione 1

상황 현재의 행동 설명하기

A: Marta, cosa stai facendo?
B: Ora sto studiando per gli esami.
A: Ma stai ascoltando la musica.
B: Sì, studio ascoltando la musica.

A: 마르타, 너 지금 뭐 하고 있니?
B: 시험 공부를 하고 있어.
A: 근데 음악을 듣고 있잖아.
A: 맞아, 나는 음악을 들으면서 공부해.

Situazione 2

상황 휴가 중 친구와 통화하기

A: Pronto?
B: Ciao, Michela! Come stanno andando le vacanze? Ti stai divertendo in vacanza?
A: Ciao, Gabriele! Stanno andando benissimo, grazie. Mi sto divertendo un sacco. Ora mi sto rilassando prendendo il sole. La gente sta facendo il bagno al mare.
B: Sono contento per te!

A: 여보세요?
B: 안녕, 미켈라! 휴가는 어떻게 보내고 있어? 휴가를 즐기고 있니?
A: 안녕, 가브리엘레! 아주 잘 보내고 있어, 고마워. 아주 많이 즐기고 있어. 지금은 선탠을 하면서 쉬고 있어. 사람들은 바다에서 물놀이를 하고 있어.
B: 너의 이야기를 들으니 좋다!

COMUNICHIAMO

◎ <stare per 동사원형> 표현과 <현재진행형>을 사용하여 다음 대화를 완성하고 말해 보세요.

A: Ehi, Giaccomo! Io e Arianna **1** _____ (stare per uscire, noi) di casa. Cosa **2** _____ (fare)?
쟈코모! 나랑 아리안나는 집에서 막 나갈 참이야. 뭐 하고 있어?

B: Ora **3** _____ (guardare) la Formula 1. La Ferrari **4** _____ (vincere).
나는 지금 포뮬러 원을 보고 있어. 페라리가 지금 이기고 있어.

A: **5** _____ (divertirsi)?
재미있어?

B: Certo. La Ferrari **6** _____ (stare per vincere) la gara dopo 9 anni!
당연하지. 페라리가 9년 만에 막 승리할 참이야!

A: Non seguo la Formula 1 quindi **7** _____ (non capire) cosa **8** _____ (dire).
나는 포뮬러 원을 따르지 않기 때문에 무슨 이야기를 하고 있는지 이해가 되지 않아.

B: Wow! Ce l'ha fatta! La Ferrari ha vinto!
우와! 해냈다! 페라리가 이겼어!

A: Va bene, Giaccomo. Veramente, noi **9** _____ (stare per uscire). Vuoi uscire con noi per prendere un caffè?
쟈코모, 알겠어. 정말로 우리는 나갈 참이거든. 우리랑 같이 커피 마시러 갈래?

B: Sorellina, **10** _____ (stare per piangere). Mi sono commosso da questa gara.
여동생아, 막 울 것 같아. 나는 이 경주에서 감명을 받았어.

A: Va bene, fratello. Io non **11** _____ (capire), quindi ti lascio stare. Goditi il momento della vittoria! A dopo!
그래 오빠, 알겠어. 나는 이해가 되지 않으니까 오빠를 냅둬야겠다. 승리의 시간을 잘 누리길! 이따 봐!

ESERCIZI

◎ 다음 현재형 문장을 현재진행형으로 바꾸어 쓰세요.

---- ┤ ESEMPIO ├ ----

Mangio la pizza.   피자를 먹는다.
→ Ora sto mangiando la pizza.   지금 피자를 먹고 있다.

---

1 Cosa fai?   무엇을 하니?

→ _____   무엇을 하고 있니?

2 Leggo un libro.   책을 읽는다.

→ _____   책을 읽고 있다.

3 Pensiamo.   우리는 생각한다.

→ _____   우리는 생각하고 있다.

4 Chiacchiero con i miei amici.   친구들과 수다를 떤다.

→ _____   친구들과 수다를 떨고 있다.

5 Luisa ancora dorme.   루이자는 잔다.

→ _____   루이자는 아직도 자고 있다.

경험·음식

Hai mai assaggiato il Bibimbap?

비빔밥을 먹어본 적 있나요?

DIALOGO

🎧 14-1

Luca:	Cosa prendiamo?
Gloria:	Hai mai assaggiato il Bibimbap?
Luca:	Sì, l'ho mangiato parecchie volte. Perché ho conosciuto gli amici coreani. Mi hanno invitato a casa loro e mi hanno cucinato il Bibimbap! Adesso è il mio piatto preferito.
Cameriere:	Ragazzi, avete scelto cosa prendere?
Luca:	Sì, abbiamo scelto. Di sicuro voglio prendere il Bibimbap e anche 6 pezzi di Mandu.
Gloria:	Allora, vorrei il Pajòn con una bottiglia di Maggòlli, il vino di riso coreano.

루카: 우리 뭐 먹을까?

글로리아: 비빔밥 먹어본 적 있어?

루카: 응, 여러 번 먹어봤어. 한국 친구들을 알게 되었기 때문이야. 그들이 나를 집으로 초대하고 비빔밥을 요리해줬어! 지금은 내가 제일 좋아하는 요리야.

종업원: 여러분, 뭐 드실지 고르셨어요?

루카: 네, 선택했습니다. 저는 확실히 비빔밥과 만두 여섯 조각을 원합니다.

글로리아: 그러면, 저는 파전과 한국의 쌀로 만든 와인인 막걸리를 원합니다.

GRAMMATICA

1 과거분사

영어를 배우면서 수많은 시제를 학습했지만, 과거분사의 뜻을 정확히 모르는 경우가 많습니다. 이에 완료/복합시제를 배울 때 어려움을 호소합니다. **분사는 '동사의 형용사화 (化)'** 즉, 언어의 경제성을 위하여 동사가 형용사의 형태로 변화한 것이며, 과거분사는 과거에 완료된 의미를 내포하는 형용사로 변화한 것입니다. 따라서 동사적으로 완료의 의미를 지닌 복합시제, 수동태로 사용되며, 형용사적으로는 성과 수에 일치하여 명사를 수식해줍니다.

〈규칙활용〉

-ARE	-ato	parl**are** 말하다 → parl**ato** 말한
-ERE	-uto	av**ere** 가지다 → av**uto** 가진
-IRE	-ito	part**ire** 떠나다 → part**ito** 떠난

alleg**are** 첨부하다	→	alleg**ato** 첨부한, 첨부된 un document**o** allegato 첨부된 문서
laure**are** (대학) 졸업시키다	→	laure**ato** 졸업한 le ragazze laureate 대학을 졸업한 여자들
educ**are** 교육시키다	→	educ**ato** 교육받은 le persone educate 교육받은(예의바른) 사람들
am**are** 사랑하다	→	am**ato** 사랑한, 사랑받은 un**a** donn**a** amata 사랑한(사랑받은) 여자
cad**ere** 떨어지다	→	cad**uto** 떨어진 la mela caduta 떨어진 사과
pul**ire** 청소하다	→	pul**ito** 청소한, 깨끗한 la stanza pulita 청소된 방, 깨끗한 방

〈불규칙활용〉

dire 말하다	→	detto 말한	prendere 취하다, 잡다	→	preso 취한, 잡은
fare 하다, 만들다	→	fatto 한, 만든	spendere 소비하다	→	speso 소비한
leggere 읽다	→	letto 읽은	difendere 방어하다, 막다	→	difeso 방어한, 막은
scrivere 쓰다	→	scritto 쓴, 쓰여진	decidere 결정하다	→	deciso 결정한, 결정된
aprire 열다	→	aperto 연, 열린	chiudere 닫다	→	chiuso 닫은, 닫힌
offrire 제공하다	→	offerto 제공한	perdere 잃다	→	perso 잃어버린
morire 죽다	→	morto 죽은	scegliere 선택하다	→	scelto 선택한
proporre 제안하다	→	proposto 제안한	mettere 놓다	→	messo 놓아둔, 놓은
chiedere 물어보다	→	chiesto 물어본	permettere 허락하다	→	permesso 허락한, 허락된
rispondere 대답하다	→	risposto 대답한	succedere 발생하다, 성공하다	→	successo 발생한, 성공한
rimanere 남다	→	rimasto 남은	bere 마시다	→	bevuto 마신
vedere 보다	→	visto 본	vivere 살다	→	vissuto 산, 거주한
comporre 구성하다	→	composto 구성한, 구성된	venire 오다, 가다	→	venuto 온, 간

richie**dere** 요청하다	→	richie**sto** 요청한, 요청된 un prodot**to** richie**sto** 요청한(사람들이 많이 찾는) 제품

2 현재분사

현재분사는 주로 형용사나 명사로써 기능합니다. 현재분사는 과거분사와 달리 복합시제를 만드는 등 동사적으로 사용되지 않으며, 이미 굳어진 단어인 경우가 많습니다.

〈규칙활용〉

-ARE	-ante	insegn**are** 가르치다	→	insegn**ante** 가르치는, 교사
-ERE	-ente	sorrid**ere** 미소 짓다	→	sorrid**ente** 미소 짓는
-IRE	-ente	traspar**ire** 비치다, 투명하다	→	traspar**ente** 투명한, 투명한 것

cant**are** 노래하다	→	cant**ante** 가수 Sono un cant**ante**. 나는 가수다.
import**are** 중요하다	→	import**ante** 중요한 Un personaggio import**ante** 중요한 인물
parl**are** 말하다	→	parl**ante** 말하는, 연설가 i giocatoli parl**anti** 말하는 장난감들
am**are** 사랑하다	→	am**ante** 애호하는, 애호가 Sono am**ante** degli animali. 나는 동물을 사랑하는 사람입니다.
dipend**ere** 의존하다	→	dipend**ente** 의존하는, 직원 i dipend**enti** creativi 창의적인 직원들
richied**ere** 요구하다	→	richied**ente** 요구하는, 지원자 la firma del richied**ente** 지원자의 서명 (공문서 등에서)
divert**ire** 재미있게 하다	→	divert**ente** 재미있는, 즐거운 Marco è divert**ente**. 마르코는 유쾌하다. Guardo un film divert**ente**. 재미있는 영화 한 편을 본다.

3 직설법 근과거(Passato Prossimo) - 타동사의 근과거

직설법 근과거는 한 시점에 완료된 행위를 표현할 때 쓰여 '~했다'로 해석하면 됩니다. 직설법 근과거는 타동사인지 자동사인지에 따라 사용하는 조동사가 달라집니다. 타동사의 근과거를 만드는 방법을 살펴보겠습니다.

〈AVERE의 직설법 현재시제〉   +   〈과거분사〉

Io	ho	Noi	abbiamo
Tu	hai	Voi	avete
Lui, Lei, Lei	ha	Loro	hanno

parl**ato**

cred**uto**

pul**ito**

Ho pranzato con una mia amica.	나는 친구와 점심을 먹었다.
Abbiamo venduto la macchina.	우리는 자동차를 팔았다.
Quanto **avete guadagnato**?	얼마큼 돈을 벌었니?
Hai dipinto un quadro.	너는 그림을 그렸다.
Marco **ha comprato** un nuovo frigorifero.	마르코는 새 냉장고를 샀다.
Quanto **ha pagato**?	얼마나 지불했니?
Non **ho capito** la sua spiegazione.	그의 설명을 이해하지 못했다.
Abbiamo aspettato tutto il giorno.	우리는 하루 종일 기다렸다.

ESPRESSIONI   🎧 14-2

1 경험 물어보기

Hai mai _____ ?   -------------------------- 해본 적 있니?

letto un libro di Paulo Coelho	파울로 코엘료의 책을 읽다
visitato Gradara	그라다라에 방문하다
provato le lasagne	라자냐를 시식하다(먹다)
parlato con il capo	직장 상사와 말하다
insegnato l'inglese	영어를 가르치다
preparato i piatti per una festa	명절/파티를 위해 음식을 준비하다
bevuto una grappa	그라파를 마시다

2 과일 · 채소 관련 필수 단어

〈과일 – il frutto / la frutta〉

il dattero	대추	il fico	무화과
il lampone	라즈베리	il limone	레몬
il mandarino	감귤	il mango	망고
il melone	멜론	il mirtillo	블루베리
il pompelmo	자몽	la banana	바나나
la castagna	밤	la ciliegia	체리
la clementina	귤	la fragola	딸기
la mela	사과	la melagrana	석류
la nocciola	개암, 헤이즐넛	la noce	호두
la pera	배	la pesca	복숭아
la prugna	자두	la susina	서양자두
l'albicocca	살구	l'ananas	파인애플
l'anguria	수박	l'arachide	땅콩
l'arancia	오렌지	l'avocado	아보카도
l'uva	포도	la mandorla	아몬드
il pistacchio	피스타치오	il cachi	감

〈채소 – la verdura〉

i fagiolli	콩	i piselli	완두콩
il broccolo	브로콜리	il carciofo	안티초크
il cavolfiore	콜리플라워, 꽃양배추	il cavolo	양배추
il cetriolo	오이	il finocchio	피노키오, 회향
il fungo	버섯	il mais	옥수수
il peperoncino	고추	il peperone	파프리카
il pomodorino	방울토마토	il pomodoro	토마토
il porro	코끼리마늘 (대파보다 큰 파)	il prezzemolo	파슬리
il radicchio	라디키오	il sedano	셀러리
la barbabietola	비트	la carota	당근
la cipolla	양파	la lattuga	상추
la melanzana	가지	la patata	감자
la zucca	호박	la zucchina	애호박
l'aglio	마늘	l'erba cipollina	파

APPROFONDIMENTO

Situazione ❶

상황 여행 경험 묻고 답하기

A: **Hai mai viaggiato** in un paese europeo?

B: Sì, **ho già visitato** parecchi paesi. **Ho girato** quasi tutta l'Italia.
E **ho viaggiato** in Francia e Spagna.

A: Invece **hai mai visitato** i paesi africani?

B: No, **non ho ancora visitato** nessun paese africano.

A: 유럽 국가를 여행해본 적 있니?

B: 그럼, 이미 많은 국가들을 방문해봤어. 이탈리아는 거의 전국을 돌아다녔어. 그리고 프랑스와 스페인을 여행했어.

A: 그러면 아프리카 국가들도 방문해본 적 있니?

B: 아니, 그 어떤 아프리카 국가도 아직 방문해보지 못했어.

Situazione ❷

상황 경찰서에서 분실 신고하기

A: Buongiorno. Devo fare una denuncia.

B: Sì, mi dica. **Ha perso** qualcosa?

A: Mi **hanno rubato** il cellulare.

B: Mi dispiace. Dove le **hanno rubato** il cellulare?

A: In Piazza del Duomo.

B: **Ha fatto** l'assicurazione di viaggio?

A: Sì, **ho fatto** l'assicurazione. Cosa devo fare?

B: Allora, prima le rilascio un certificato per la sua assicurazione.

A: 안녕하세요. 제가 신고할 게 있습니다.

B: 네, 말씀하세요. 무언가를 잃어버렸나요?

A: (누군가가) 제 휴대폰을 훔쳐 갔어요.

B: 유감이군요. 어디서 휴대폰을 훔쳐 갔나요?

A: 두오모 광장에서요.

B: 여행자 보험을 가지고 계십니까?

A: 네, 보험에 가입했습니다. 어떻게 해야 할까요?

B: 그러면, 우선 보험을 위한 증명서를 발행해 드리겠습니다.

COMUNICHIAMO

◎ <AVERE + 과거분사>의 근과거를 사용하여 다음 대화를 완성하고 말해 보세요.

1

> A: Giorgia, 1 _____ (preparare) la valigia per il viaggio di domani?
> 조르쟈, 내일 여행을 위해 짐을 준비했니?
>
> B: No, ancora non 2 _____ (preparare, la). Ma dove 3 _____ (mettere) il mio bagaglio?
> 아니, 아직 준비하지 않았어. 그런데 내 캐리어 어디에 놓았어?
>
> A: 4 _____ (mettere, lo) nello sgabuzzino.
> 창고방에 넣어놨어.
>
> B: Ah, sì? 5 _____ (cercare, già) lì, ma non 6 _____ (trovare, lo).
> 아, 그래? 이미 찾아봤는데, 발견하지 못했어.
>
> A: Oh mamma! Allora 7 _____ (prendere, lo) Matteo ieri!
> 어머! 어제 마태오가 그걸 가져가버렸네!

2

> A: Cosa 1 _____ (fare) la domenica scorsa?
> 지난주 일요일에 뭐 했어?
>
> B: Domenica scorsa 2 _____ (correre) nel parco con Marta.
> 지난주 일요일에 마르타와 공원을 뛰었어.
>
> A: Con Marta? Lei non 3 _____ (fare, mai) gli esercizi fisici. È davvero strano!
> 마르타랑? 걔는 절대 운동을 하지 않잖아. 정말 이상하네!
>
> B: Mi 4 _____ (dire) che è in dieta.
> 다이어트 중이라고 내게 말했어.
>
> A: Veramente? Non 5 _____ (sapere, lo)!
> 정말? 그건 몰랐네!

ESERCIZI

◎ 다음 빈칸을 채워 문장을 근과거로 만들어 보세요.

1 Io _____ (leggere) il libro.
나는 책을 읽었다.

2 Mia madre _____ (spegnere) la luce.
우리 엄마가 불을 껐다.

3 Non _____ (assaggiare) la pasta al pesto.
나는 페스토 파스타를 맛본 적이 없다.

4 Gli studenti _____ (fare domande) al professore.
학생들이 교수님께 질문을 했다.

5 Ieri pomeriggio _____ (ascoltare) una nuova canzone dei BTS.
어제 오후에 나는 BTS의 신곡을 들었다.

6 Tu mi _____ (salvare)!
너가 나를 살렸다!

7 Giorgia mi _____ (offrire) una cena squisita.
조르쟈가 내게 맛있는 저녁을 사주었다.

8 Francesco _____ (perdere) il treno.
프란체스코는 기차를 놓쳤다.

9 Io _____ (imparare) l'italiano da una brava docente.
나는 좋은 선생님으로부터 이탈리아어를 배웠다.

10 Dove _____ (mettere) il mio cellulare?
어디에 내 휴대폰을 놔뒀니?

UNITÀ 15

경험

Sei mai stato a Napoli?

나폴리에 가본 적 있나요?

DIALOGO

🎧 15-1

Luca: Sei mai stata a Napoli?

Gloria: Sì, sono stata a Napoli tante volte. Anche il mese scorso ci sono andata.

Luca: Com'è la città?

Gloria: La città mi è piaciuta un sacco. Ci sono tante cose da vedere e da visitare. Puoi vedere un mare meraviglioso, dei musei importanti, delle piazze grandi, delle chiese antiche, dei castelli e tanto altro.

Luca: Wow, non immaginavo! Com'è stato il tuo viaggio del mese scorso?

Gloria: Sono arrivata a Napoli di sera e ho mangiato una vera pizza napoletana. Buonissima! Sono stata in un albergo con vista sul mare. Mi sono svegliata di mattina presto e ho preso un buon caffè. Sono andata al Castel dell'Ovo e al Museo Archeologico Nazionale. Mi sono innamorata davvero profondamente di Napoli!

VOCABOLARIO

mai 전혀, 결코 ~않다

la volta 번, 횟수

un sacco 아주 많이
cf) **il sacco** 자루

immaginare 생각하다, 상상하다

vero 진짜의, 원조의

l'albergo 호텔, 숙박 시설

la vista 전망, 시각

archeologico 고고학의

innamorarsi di ~와 사랑에 빠지다

루카: 나폴리에 가본 적 있어?

글로리아: 그럼, 나폴리에 여러 번 가봤어. 지난달에도 그곳에 갔었어.

루카: 도시는 어떠니?

글로리아: 그 도시가 아주 내 마음에 들었어. 보고 방문할 곳이 많아. 아주 멋있는 바다, 몇몇의 중요한 박물관들, 몇몇의 큰 광장들, 몇몇의 오래된 교회들, 몇몇의 성 등을 볼 수 있어.

루카: 우와, 상상하지 못했어! 지난달의 여행은 어땠니?

글로리아: 나폴리에 저녁에 도착했고 원조 나폴리 피자를 먹었어. 아주 맛있었어! 바다를 전망으로 하는 호텔에 있었어. 아침 일찍 일어나서 맛있는 커피도 마셨어. 계란성과 국립고고학박물관에 갔었어. 나는 나폴리에 완전 푹 빠졌어!

148

GRAMMATICA

1 직설법 근과거(Passato Prossimo) - 자동사의 근과거

자동사, 재귀동사, 비인칭동사, 왕래발착동사, 상태 및 변화를 나타내는 동사의 근과거를 만들 때 조동사 ESSERE를 사용합니다. ESSERE 뒤에 오는 형용사의 특징을 지닌 과거분사는 주어의 성과 수에 일치해야 합니다. 학습자들이 혼란을 많이 겪는 부분이므로 동영상 강의를 통해 개념을 완벽히 숙지하기를 바랍니다.

〈ESSERE의 직설법 현재시제〉 + 〈과거분사〉

Io	sono	Noi	siamo	andato/a/i/e
Tu	sei	Voi	siete	nato/a/i/e
Lui, Lei, Lei	è	Loro	sono	uscito/a/i/e

Marco **è andato** a Napoli.	마르코는 나폴리로 갔다.
Marta **è andata** a Roma.	마르타는 로마로 갔다.
Marco e Carlo **sono andati** a Roma.	마르코와 카를로는 로마로 갔다.
Laura e Marta **sono andate** a Napoli.	라우라와 마르타는 나폴리로 갔다.
Cosa **è successo**?	무슨 일이 생겼니?
Siamo arrivati in ufficio in ritardo.	사무실에 늦게 도착했다.
Mi **è piaciuta** questa città.	이 도시가 좋았다.

〈재귀동사의 직설법 근과거〉

재귀대명사는 변화된 동사인 조동사 앞에 위치합니다. 주어의 성과 수에 과거분사를 일치 시킵니다.

Mi sono alzato alle 7.	나는 7시에 일어났다. (남)
Mi sono alzata alle 7.	나는 7시에 일어났다. (여)
Ci siamo alzati alle 7.	우리는 7시에 일어났다. (남자들 혹은 혼성)
Ci siamo alzate alle 7.	우리는 7시에 일어났다. (여자들)

〈ESSERE를 복합시제의 조동사로 취하는 동사〉

1) 자동사

guarire	호전되다, 치유되다	piacere	좋아하다
riuscire	해내다	rimanere	머물다
restare	머물다	sparire	사라지다
nascere	태어나다	diventare	되다

Carlo è nato nel 2005.　　　　　카를로는 2005년에 태어났다.

2) 왕래발착동사

andare	가다	arrivare	도착하다
partire	떠나다	venire	오다
salire	오르다	uscire	나가다
tornare	돌아오다	ritornare	돌아오다
giungere	도달하다, 도착하다	raggiungere	도달하다

Siamo raggiunti da Marco.　　　우리는 마르코의 집에 도착했다.
Le ragazze **sono partite** per Roma.　여자애들이 로마로 떠났다.

3) 재귀동사

abituarsi	익숙해지다	alzarsi	일어나다
annoiarsi	지루해지다	arrabbiarsi	화가 나다
calmarsi	진정하다	comportarsi	행동하다
dedicarsi	헌신하다, 전념하다	divertirsi	즐기다
fidarsi	신뢰하다, 믿다	iscriversi	지원하다, 접수하다
lavarsi	씻다	lamentarsi	불평하다
muoversi	움직이다	preoccuparsi	걱정하다
vergognarsi	부끄러워하다	ricordarsi	기억하다

Mi sono abituata a questo posto.　나는 이곳에 익숙해졌다. (여)
Mi sono fidato di te.　　　　　　나는 너를 신뢰했다. (남)

2 **직설법 근과거와 부사의 위치**

⊘ 복합시제에서 조동사(AVERE/ESSERE 등)와 과거분사는 분리될 수 없습니다. 따라서 부사는 [**AVERE/ESSERE**] + 과거분사 뒤에 위치합니다.

Ieri sera ho mangiato **tanto**.
어제 저녁에 많이 먹었다.

Ho letto **velocemente** il libro.
이 책을 빠르게 읽었다.

⊘ 그러나 다음과 같은 부사는 조동사와 과거분사 사이에 위치합니다.

긍정문	sempre 항상, già 이미, appena 막
부정문	(non...) mai 절대, ancora 아직, più 더 이상

Ho **sempre** mangiato la pizza margherita.
나는 항상 마르게리타 피자를 먹었다.

Ieri ho **già** letto il libro di Carlo Goldoni.
어제 이미 카를로 골도니의 책을 읽었다.

Abbiamo **appena** finito di lavorare.
우리는 이제 막 일을 끝냈다.

Non siamo **mai** andate a Venezia.
우리는 베네치아에 한번도 가본 적이 없다.

Non abbiamo **più** voluto aspettare Marco.
더 이상 마르코를 기다리고 싶지 않았다.

⊘ Anche(또한, ~도)은 과거분사 뒤에 놓이기도 하지만, 조동사와 과거분사 사이에 놓일 때도 있습니다.

Sono arrivati **anche** Marco e Diego.
마르코와 디에고도 도착했다.

Ho **anche** letto il libro di Carlo Goldoni.
카를로 골도니의 책도 읽었다.

ESPRESSIONI

🎧 15-2

1 경험 물어보기

Q: Sei mai stato/a _____ ?   _____ 에 가본 적 있니?

[a 도시, 장소]

a Barcelona	바르셀로나
a Parigi	파리
a Monaco	뮌헨
a Palermo	팔레르모
a Busan	부산
a Pechino	베이징

[in 섬, 주, 나라]

in Grecia	그리스
in Sardegna	사르데냐
in Sicilia	시칠리아
in Spagna	스페인

A: Sì, ci sono già stato/a lì.   응, 그곳에 이미 가봤어.

No, non ci sono ancora stato/a lì.   아니, 아직 그곳에 가보지 않았어.

2 이탈리아 행정구역

REGIONE (주)	CAPOLUOGO (주도)
Lazio	Roma
Lombardia	Milano
Campania	Napoli
Piemonte	Torino
Sicilia	Palermo
Sardegna	Cagliari
Toscana	Firenze
Veneto	Venezia
Friuli Venezia Giulia	Trieste
Trentino Alto Adige	Trento
Emilia Romagna	Bologna
Liguria	Genova
Umbria	Perugia
Marche	Ancona
Abruzzo	L'Aquila
Molise	Campobasso
Puglia	Bari
Basilicata	Potenza
Calabria	Catanzaro
Valle d'Aosta	Aosta

APPROFONDIMENTO　　　　　　🎧 15-3

Situazione ❶

상황 파티에서 옷차림 얘기하기

A: Ciao, Daniele! Oggi **ti sei vestito** benissimo.

B: Ciao, Gloria! Grazie per il complimento. Anche tu **ti sei vestita** in modo molto elegante. **Ti sei truccata** anche molto bene. Stai benissimo.

A: Davvero? Grazie! Il mio fidanzato mi **ha regalato** dei nuovi cosmetici!

B: Sei fortunata! Sono contento per te. **Ti è piaciuto** il suo regalo?

A: Sì, **mi è piaciuto** molto.

A: 안녕, 다니엘레! 오늘 옷을 아주 멋있게 입었구나.

B: 안녕, 글로리아! 칭찬 고마워. 너도 옷을 아주 우아하게 입었네. 화장도 잘했네. 잘 어울린다.

A: 그래? 고마워! 내 남자친구가 새로운 화장품을 내게 선물해줬어!

B: 복이 많구나! 기쁜 얘기다. 선물이 마음에 들었니?

A: 그럼, 아주 마음에 들었지.

Situazione ❷

상황 좋았던 여행 경험 얘기하기

A: **Sei mai stata** in Sicilia?

B: Sì, **sono stata** a Palermo. **Mi è piaciuta** la città. La cattedrale di Palermo, il mare, i dolci siciliani...

A: **Ti sono piaciuti** i dolci siciliani?

B: Assolutamente. Come sai, sono molto golosa! E le spiagge di Cefalù hanno un'atmosfera molto romantica. **Mi sono proprio innamorata** della Sicilia!

A: 시칠리아에 가본 적 있니?

B: 응, 팔레르모에 가봤어. 그 도시가 내 마음에 들었어. 팔레르모 대성당, 바다, 시칠리아 디저트...

A: 시칠리아 디저트가 네 마음에 들었니?

B: 아주 많이. 너도 알다시피, 내가 단것을 아주 좋아하는 사람이잖니! 체팔루 해변의 분위기는 아주 낭만적이야. 나는 시칠리아와 사랑에 빠져 버렸어!

COMUNICHIAMO

◎ 조동사를 ESSERE로 취하는 동사들의 직설법 근과거를 사용하여 다음 대화를 완성하고 말해 보세요.

A: Diego, perché non 1 _____ (venire) con noi al concerto la settimana scorsa?
디애고, 왜 지난주에 우리랑 함께 콘서트에 가지 않았니?

B: Ti chiedo scusa, Michela. Il weekend scorso 2 _____ _____ (dovere partire) per Genova per vedere la mia famiglia. Ti volevo avvisare ma non 3 _____ (riuscire) perché lo schermo del mio cellulare 4 _____ (rompere). Prova a guardare...
사과할게, 미켈라. 지난주에 우리 가족들을 보러 제노바에 가야 했어. 너한테 알려주고 싶었는데 그러지 못했어 왜냐하면 내 휴대폰의 액정이 깨졌거든. 한번 봐볼래...

A: Oddio, cosa 5 _____ (succedere)?
어머나, 무슨 일 있었니?

B: Il sabato scorso 6 _____ (alzarsi) tardissimo. Per cui 7 _____ (arrivare) appena prima della partenza del treno. Il treno stava per partire e quindi, correndo, ho fatto cadere il mio cellulare.
지난주 토요일에 아주 늦게 일어났어. 그래서 기차 출발시간에 빠듯하게 도착했어. 기차가 막 떠날 참이어서 뛰다가 휴대폰을 떨어뜨렸어.

A: Oh, mi dispiace. Comunque, alla fine 8 _____ (partire) con quel treno?
어머, 안됐다. 어쨌든, 그 기차로 출발했어?

B: Sì, meno male. Dunque, com'è stato il concerto?
응, 다행이야. 그건 그렇고, 콘서트는 어땠어?

A: È stato bellissimo. 9 _____ (divertirsi) con gli amici.
아주 멋있었어. 친구들과 재밌게 즐겼단다.

B: Sono contento per te. Ma 10 _____ (essere) a Genova?
(얘기를 들으니) 내가 기쁘다. 그런데 제노바에 가본 적 있니?

A: Sì, 11 _____ (essere) a Genova già parecchie volte.
그럼, 제노바에 이미 여러 번 가보았어.

ESERCIZI

◎ 다음 빈칸을 채워 문장을 근과거로 만들어 보세요.

1 Io e i miei amici _____ (andare) al concerto
   di Marco Mengoni.
   나와 내 친구들은 마르코 멩고니의 콘서트에 갔다.

2 _____ (svegliarsi, io) alle 6 ma
   _____ (alzarsi) alle 8.
   나는 6시에 (잠에서) 깼지만, 8시에 (잠자리로부터) 일어났다.

3 Marco e Giovanna _____ (partire) per la
   Grecia.
   마르코와 조반나는 그리스로 떠났다.

4 Giuseppe, dove _____ (essere) tutta la sera?
   쥬세페, 저녁 내내 어디에 있었니?

5 Il sabato scorso, _____ (rilassarsi) bene sulla
   spiaggia.
   지난주 토요일에 나는 해변에서 잘 쉬었다.

6 Daniele _____ (arrivare) tardi allo spettacolo.
   다니엘레는 공연에 늦게 도착했다.

7 _____ (lavarsi, tu) le mani quando
   _____ (arrivare) a casa?
   집에 도착했을 때 손을 씻었니?

8 Giorgia _____ (rimanere) piacevolmente
   sorpresa dai regali dei suoi amici.
   조르쟈는 친구들의 선물에 기분 좋게 깜짝 놀란 상태가 되었다(→ 놀랐다).

9 Ieri _____ (rimanere) a casa.
   나는 어제 집에 머물렀다.

10 Io e Girgia _____ (salutarsi) per Natale.
   나와 조르쟈는 서로 크리스마스 인사를 했다.

UNITÀ 16

과거묘사

Non avevo paura!

저는 두렵지 않았어요!

DIALOGO 🎧 16-1

Anna: Congratulazioni, Attilio! Ho sentito che hai vinto il primo posto in un concorso internazionale di canto lirico.

Attilio: Grazie Anna. Era un concorso molto grande e prestigioso. Ho avuto tanta fortuna.

Anna: Sei stato bravissimo! Cosa hai cantato?

Attilio: Allora, ho cantato 3 arie d'opera e un brano di musica sacra. Era il programma obbligatorio del concorso.

Anna: Non eri nervoso a stare sul palcoscenico davanti al pubblico? C'erano tanti concorrenti?

Attilio: C'erano 20 cantanti lirici famosi. Ma soprattutto, ero un po' nervoso davanti ai 5 giudici. Quindi ho pregato prima di cantare e non avevo paura. Mentre cantavo mi sentivo molto libero. Avevo la sensazione che il palcoscenico fosse fatto proprio per me!

안나: 축하해, 아틸리오! 국제 성악 대회에서 1등으로 우승했다고 들었어.

아틸리오: 고마워 안나. 굉장히 크고 권위 있는 대회였어. 내가 복이 많았어.

안나: 훌륭했어! 어떤 노래를 불렀니?

아틸리오: 자, 나는 세 개의 오페라 아리아와 교회 음악 한 곡을 불렀어. 이 구성이 대회의 의무 프로그램이었어.

안나: 관중들 앞에서 무대에 서니까 불안하지 않았니? 경쟁자는 많았니?

아틸리오: 유명한 성악가들 20명이 있었어. 무엇보다도 5명의 심사위원들 앞에서 좀 떨렸어. 그래서 노래 부르기 전에 기도를 했더니 두려움이 없었어. 노래를 부르고 있을 때 아주 자유로운 느낌이었어. 무대가 온전히 나를 위해 만들어진 것 같은 기분이 들었어!

GRAMMATICA

1 직설법 불완료과거

| 규칙변화 |

주격인칭 대명사		-ARE		-ERE		-IRE	
Io	Noi	-avo	-avamo	-evo	-evamo	-ivo	-ivamo
Tu	Voi	-avi	-avate	-evi	-evate	-ivi	-ivate
Lui, Lei Lei	Loro	-ava	-avano	-eva	-evano	-iva	-ivano

AMARE (사랑하다)		LEGGERE (읽다)		SENTIRE (느끼다, 듣다)	
amavo	amavamo	leggevo	leggevamo	sentivo	sentivamo
amavi	amavate	leggevi	leggevate	sentivi	sentivate
amava	amavano	leggeva	leggevano	sentiva	sentivano

| 불규칙변화 |

ESSERE (이다)		FARE (하다, 말하다)	
ero	eravamo	facevo	facevamo
eri	eravate	facevi	facevate
era	eravano	faceva	facevano

BERE (이다)		DIRE (말하다)	
bevevo	bevevamo	dicevo	dicevamo
bevevi	bevevate	dicevi	dicevate
beveva	bevevano	diceva	dicevano

| 불완료과거 시제의 용법 |

1) 과거의 습관을 나타낼 때 (～하곤 했다)

Ogni mattina **leggevo** il libro.
아침마다 책을 읽곤 했다.

In inverno io **andavo** a sciare in montagna.
겨울에 산으로 스키 타러 가곤 했다.

Quando Marco **abitava** a Roma, **leggeva** sempre.
마르코가 로마에 살았을 때, 항상 책을 읽곤 했다.

Mi alzavo alle 7 di mattina.
아침 7시에 일어나곤 했다.

Quando Giulia **abitava** a Milano **potevamo** vederci ogni giorno.
줄리아가 밀라노에 살았을 때 우리는 항상 만날 수 있었다.

2) 과거의 진행을 나타낼 때 (～하고 있었다)

Quando mi hai chiamato, **parlavo** con mia sorella.
너가 내게 전화했을 때, 나는 언니와 얘기 중이었다.

Gli **spiegavo** le cose importanti ma lui non mi **ascoltava**.
그에게 중요한 것을 설명하고 있었지만 그는 듣지 않고 있었다.

Stamattina ti ho chiamato, che **facevi**?
오늘 아침에 너한테 전화했었어, 뭐 하고 있었니?

In quel momento **mi facevo la doccia**.
그때 나는 샤워하고 있었어.

3) 과거를 묘사할 때

Il cielo **era** azzurro. 하늘이 파랬었다.

Lei **aveva** 18 anni. 그녀는 18살이었다.

Marta **aveva** gli occhi verdi. 마르타는 초록색 눈을 지녔었다.

4) 과거에 동시에 일어난 행동을 표현할 때

Mentre **cenavamo**, **guardavamo** sempre la TV.
우리는 저녁을 먹는 동안 항상 TV를 보곤 했다.

Mentre **ti divertivi** con gli amici, io **studiavo**.
너가 친구들이랑 노는 동안 나는 공부를 하고 있었다.

Marco è ritornato mentre **cucinavo**.
내가 요리하는 동안 마르코가 들어왔다.

2 관계대명사 CHE

이탈리아어의 관계대명사는 'Che, Il quale, Cui, 복합관계대명사'로 크게 네 가지가 있습니다. 관계대명사는 두 문장을 이을 때 필요한 요소입니다. 이 중 가장 널리 사용되는 CHE에 대해 살펴보겠습니다. 관계대명사 CHE는 주격과 목적격으로 사용됩니다.

| 주격관계대명사 CHE |

주격관계대명사는 두 문장을 연결할 때 선행사(공통된 단어나 요소)가 반드시 필요합니다. '주격'의 의미는 종속절에서 CHE가 접속된 부분이 주어의 위치라는 것입니다.

문장 1 Leggo **il libro**. (il libro - leggo의 목적어)　　나는 이 책을 읽는다.

문장 2 **Il libro** mi fa ridere. (il libro - fa의 주어)　　이 책은 나를 웃게 한다.

　　　→ Leggo il libro **che** mi fa ridere.　　　　　나를 웃게 하는 책을 읽는다.

| 목적격관계대명사 CHE |

종속절에서 CHE는 접속된 부분이 목적어의 위치에 있던 단어가 선행사로 쓰였다는 의미입니다.

문장 1 **Il libro** mi fa ridere. (il libro - fa의 주어)　　이 책은 나를 웃게 한다.

문장 2 Leggo **il libro**. (il libro - leggo의 목적어)　　나는 이 책을 읽는다.

　　　→ Il libro **che** leggo mi fa ridere.　　　　내가 읽는 책은 나를 웃게 한다.

목적격관계대명사 CHE는 반드시 선행사를 요구하는 것은 아닙니다. CHE가 접속된 종속절 자체가 주절 동사의 목적절로 쓰이기도 합니다. 즉, 단순 접속사의 기능을 합니다.

문장 1 Io capisco.　　　　　　　　　　　　나는 이해한다.

문장 2 La matematica è importante.　　　　수학이 중요하다.

　　　→ Capisco **che** la matematica è importante.

　　　　나는 수학이 중요하다는 점을 이해한다.

ESPRESSIONI   🎧 16-2

1 과거의 성격, 모습 묘사하기

Quando avevo _____ anni, ero _____.   내가 ____ 살 때, _____.

cinque	timido/a	다섯	낯을 가렸다
sei	capricioso/a	여섯	떼를잘쓰는/장난꾸러기였다
sette	scherzoso/a	일곱	장난꾸러기였다
dieci	intelligente	열	똑똑했다
quindici	tranquillo/a	열다섯	침착했다
sedici	sportivo/a	열여섯	활동적이었다
ventidue	elegante	스물두	우아했다/아름다웠다

2 과거의 습관 말하기

Da bambino/a, _____.   어렸을 때, _____.

mi alzavo alle 8 di mattina	아침 8시에 일어나곤 했다
giocavo con gli amici tutti i giorni	매일 친구들과 놀곤 했다
non studiavo tanto	공부를 많이 하지 않곤 했다.
ascoltavo musica tutto il giorno	하루 종일 음악을 듣곤 했다
non mangiavo Kimchi	김치를 먹지 않곤 했다.
leggevo le favole	동화책을 읽곤 했다
parlavo poco	말을 적게 하곤 했다

APPROFONDIMENTO

🎧 16-3

Situazione ❶

상황 친절하게 원하는 것을 말하기

A: Michele, **volevo** dirti una cosa.
B: Ah, sì? Dimmi pure.
A: Sai, vorrei chiederti un favore. Per caso, potresti condividere gli appunti di Politica Internazionale?
B: Certo, come no! Anch'io **volevo** sapere una cosa.
A: Chiedimi pure.
B: Io invece **volevo** domandarti se hai gli appunti di Sociologia.

A: 미켈레, 너한테 얘기하고 싶은 게 있었어.
B: 아, 그래? 편하게 말해봐.
A: 너한테 도움을 요청하고 싶었는데 말이야. 혹시, 국제정치 필기를 공유해 줄 수 있니?
B: 당연하지, 왜 안 되겠어! 나도 하나 알고 싶은 게 있었는데.
A: 내게 편하게 물어봐.
B: 나는 너가 사회학 필기가 있는지 물어보고 싶었어.

Situazione ❷

상황 어린왕자의 도입부

Quando **avevo** sei anni, in un libro sulle foreste primordiali, ho visto un magnifico disegno.
Rappresentava un serpente boa.
C'era scritto così: 《I boa ingoiano la loro preda tutta intera, senza masticarla.》
Il mio disegno numero uno **era** così.
Ho domandato agli adulti se il mio disegno li **spaventava**.

내가 여섯 살일 때, 원시림에 관한 책에서 멋진 그림 하나를 보았다.
보아뱀을 표현하고 있었다.
이렇게 쓰여 있었다. "보아뱀은 씹지 않고 먹이를 통째로 삼킵니다."
나의 그림 1번은 이러했다.
어른들에게 나의 그림이 그들을 놀래키고 있냐고 물었다.

COMUNICHIAMO

◎ 직설법 불완료과거를 사용하여 다음 일기를 완성하고 말해 보세요.

Quando 1 _____ (io, abitare) a Firenze, 2 _____
(frequentare) un corso d'italiano ogni giorno. Ho conosciuto
molti amici stranieri. 3 _____ (essere) molto simpatici e
generosi.

Con loro 4 _____ (mangiare) la pizza ogni sabato.
Noi 5 _____ (cenare) insieme e 6 _____
(parlare) del nostro futuro. E 7 _____ (praticare)
l'italiano insieme.

내가 피렌체에 살았을 때, 매일 이탈리아어 코스에 다녔다. 많은 외국인 친구들을 알게
되었다. 그들은 매우 유쾌하고 마음이 넓었다.

매주 토요일에는 그들과 함께 피자를 먹곤 했다. 우리는 저녁을 함께 먹곤 했고, 우리의
미래에 대해 이야기를 나누곤 했다. 그리고 이탈리아어 연습을 함께 하곤 했다.

2

1 _____ (essere) un giorno che 2 _____ (nevicare)
tanto. Un mio amico mi ha chiamato per invitarmi alla festa del
suo compleanno. 3 _____ (chiamarsi) Marco.

Lui 4 _____ (essere) un po' timido con le persone
sconosciute. Ma con gli amici stretti sempre 5 _____
(essere) divertente e aperto. Noi 6 _____ (giocare)
a calcio ogni domenica.

눈이 많이 내리고 있는 날이었다. 한 친구가 나를 생일파티에 초대하기 위해 내게 전화를
했다. 그의 이름은 마르코였다.

그는 모르는 사람에게는 낯을 가리곤 했다. 하지만 친한 친구들과는 항상 유쾌했고 마음
이 열려있었다. 우리는 매주 일요일마다 축구를 함께 하곤 했다.

ESERCIZI

◎ 다음 빈칸에 알맞은 동사의 직설법 불완료과거 형태를 넣으세요.

1 Quando _____ (avere) 15 anni, _____
   (svegliarsi) alle 7 di mattina.
   내가 15살일 때, 아침 7시에 일어나곤 했다.

2 Da bambino Marco _____ (andare) a scuola in bicicletta.
   어린 시절에 마르코는 자전거로 학교에 가곤 했다.

3 Quel giorno _____ (piovere) molto e _____ (tirare)
   un forte vento.
   그날 비가 많이 오고 바람이 세게 불고 있었다.

4 Quando _____ (abitare) a Bologna, ogni giorno
   _____ (mangiare) un gelato.
   내가 볼로냐에 살았을 때, 매일 젤라또를 먹곤 했다.

5 La neve _____ (scendere) lentamente e _____
   (coprire) le strade.
   눈이 천천히 내리고 있었고 눈은 길을 덮고 있었다.

6 Marco _____ (avere) gli occhi verdi e _____
   (parlare) bene l'inglese.
   마르코는 초록색 눈을 지녔었고 영어를 참 잘했었다.

7 A 18 anni, io e mio fratello _____ (seguire) il calcio
   e _____ (guardare) la partita ogni domenica.
   18살 때, 나와 형은 축구를 따르곤 했고, 일요일마다 축구 경기를 보곤 했다.

8 Il mare _____ (avere) un colore verde smeraldo e i
   granelli di sabbia _____ (sembrare) dei gioielli.
   바닷물은 에메랄드 색을 지녔었고 모래는 보석 같았다.

9 Quando il professore _____ (spiegare) gli argomenti
   più complicati tutti facevano silenzio.
   교수님이 가장 난해한 주제를 설명하고 있을 때 모두 조용히 있었다.

10 Mentre _____ (fare, io) colazione, _____
   (leggere) le notizie sullo smartphone.
   아침식사를 하는 동안, 스마트폰으로 기사를 읽고 있었다.

Dovunque tu vada, andrà tutto bene!

어디를 가든지 다 잘될 거예요!

VOCABOLARIO

dovunque(= ovunque)
어디든지

il conservatorio 음악원

accettare
받아들이다, 수락하다

cominciare 시작하다

il corso 과정, 수업

iniziare 시작하다

aiutare 도와주다

cercare 찾다

il tesoro 보물, 애칭

davvero 정말로

참고

In bocca al lupo와 Crepi는 이탈리아어의 관용어구로 의역하여 기재했습니다.

Yoon:	Il conservatorio di Milano mi ha accettato e il mese prossimo andrò in Italia.
Daniele:	Congratulazioni! Quando comincerà il corso?
Yoon:	Il corso inizierà a novembre.
Daniele:	Posso fare qualcosa per aiutarti?
Yoon:	Sto cercando una stanza o una casa a Milano, ma è difficile!
Daniele:	Ci credo. Visto che i miei zii vivono a Milano, domani li chiamerò e chiederò informazioni sulla casa.
Yoon:	Grazie mille! Sei un tesoro e ti voglio davvero bene.
Daniele:	Ma figurati! Dovunque tu vada, andrà tutto bene. In bocca al lupo!
Yoon:	Crepi!

윤: 밀라노 음악원이 나를 받아줘서 다음달에 밀라노로 갈 거야.

다니엘레: 정말 축하해! 수업과정이 언제 시작되니?

윤: 수업과정은 11월부터 시작될 거야.

다니엘레: 너를 도와줄 만한 것이 있을까?

윤: 밀라노에 있는 방이나 집을 찾고 있는데 어렵네!

다니엘레: 상상이 가네. 우리 삼촌들이 밀라노에 살고 계시니까 내일 전화해서 집에 대한 정보를 물어볼게.

윤: 정말 고마워! 너는 보물이고 너를 정말 아낀단다.

다니엘레: 뭘 이런 걸 가지고! 어디를 가든지 다 잘될 거야. 행운이 가득하길!

윤: 그러길!

GRAMMATICA

1 직설법 단순미래시제 - 규칙변화

⊘ '～할 것입니다'로 해석합니다.

⊘ 구어체에서는 현재시제가 단순미래시제 대신 사용되는 경우가 많습니다.

⊘ -are와 -ere 동사의 어미변화 형태는 동일합니다.

주격인칭대명사		-ARE		-ERE		-IRE	
Io	Noi	-erò	-eremo	-erò	-eremo	-irò	-iremo
Tu	Voi	-erai	-erete	-erai	-erete	-irai	-irete
Lui, Lei Lei	Loro	-erà	-eranno	-erà	-eranno	-irà	-iranno

CAMMINARE (걷다)		CHIEDERE (묻다)		PARTIRE (떠나다)	
camminerò	cammineremo	chiederò	chiederemo	partirò	partiremo
camminerai	camminerete	chiederai	chiederete	partirai	partirete
camminerà	cammineranno	chiederà	chiederanno	partirà	partiranno

⊘ -care, -gare로 끝나는 동사는 c와 g의 음가를 지키기 위해 미래형 어미 앞에 'h'를 넣습니다.

cercare 찾다
→ io cer**ch**erò   tu cer**ch**erai   lui cher**ch**erà ...

pregare 기도하다, 요청하다
→ io pre**gh**erò   tu pre**gh**erai   lui pre**gh**erà ...

⊘ -ciare, -giare로 끝나는 동사는 'i'를 빼고 미래형 어미를 붙입니다.

cominciare 시작하다
→ io comin**c**erò   tu comin**c**erai   lui comin**c**erà ...

mangiare 먹다
→ io man**g**erò   tu man**g**erai   lui man**g**erà ...

| 단순미래시제의 용법 |

1) 미래의 계획, 앞으로 발생할 일을 표현할 때

Stasera **guarderò** un film.
오늘 저녁에 영화 한 편을 볼 거야.

Domani noi **partiremo** per Roma.
우리는 내일 로마로 떠날 것이다.

Per andare a Roma **prenderete** il treno.
로마로 가기 위해 너희는 기차를 탈 것이다.

I professori ti **spiegheranno** la teoria.
교수님들이 네게 그 이론을 설명해주실 것이다.

2) 현재나 미래 혹은 불확실한 일을 추측하여 표현할 때

Qualcuno ti sta chiamando. **Sarà** Matteo.
누군가가 네게 전화를 하네. 마태오일 거야.

Che ore **saranno**?
몇 시일까?

Saranno verso le 14.
두 시쯤일 거야.

Forse **pioverà** domani.
아마 내일 비가 올 거야.

3) 현실, 현재를 가정할 때

Se guadagno tanto, **andrò** alle Maldive.
돈을 많이 벌면, 몰디브로 갈 것이다.

Se **andremo** alle Maldive per le vacanze, **sarò** contento.
우리가 몰디브로 휴가를 간다면, 나는 행복할 것이다.

Se impari l'italiano, **sarà** meglio per te.
이탈리아어를 배우면, 너에게 더 좋을 것이다.

2 가정문 - 현실, 현재의 가정

가정문은 '(1) 현실, 현재의 가정문, (2) 실현가능성의 가정문, (3) 비현실성의 가정문'으로 세 종류가 있습니다. 이번 교재에서는 현실, 현재의 가정문만 다루겠습니다.

현실, 현재의 가정은 직설법 현재와 단순미래시제를 사용하여 구성합니다. 기본적으로 확실하고 확정적인 내용을 표현합니다. 다음 세 개의 형태는 의미에 큰 차이가 없습니다.

- **Se** 직설법 현재, 직설법 현재
- **Se** 직설법 현재, 직설법 미래
- **Se** 직설법 미래, 직설법 미래

Se finisci i compiti, puoi andare al cinema.
숙제를 다 마치면, 영화관에 갈 수 있다.

Se ti comporti bene, ti comprerò un nuovo iPhone.
행동을 바르게 하면, 네게 새 아이폰을 사줄 것이다.

Se mia madre mi regalerà il nuovo iPhone, sarò molto contento.
우리 엄마가 내게 새 아이폰을 선물해준다면, 나는 정말 기쁠 것이다.

Se ho tempo, esco con gli amici.
시간이 있으면, 친구들과 놀러 나갈 것이다.

Se domani piove tanto, starò a casa.
내일 비가 많이 온다면, 집에 있을 것이다.

Se mangerai troppo a Pasqua, ingrasserai.
부활절에 지나치게 많이 먹는다면, 너는 살이 찔 거야.

ESPRESSIONI 🎧 17-2

① **교통 관련 필수 단어**

i mezzi di trasporto	교통수단	il biglietto	교통권, 표
il pullman	버스	il tram	트램(전차)
il treno	기차	il volo	비행기, 비행편
l'aereo	비행기	l'aeroporto*	공항
la corsia	차선	la freccia	화살표
la macchina	자동차	l'abbonamento	정기권
l'autobus	버스	timbrare/ convalidare il biglietto	표를 찍다
il controllore	검표원	il manovratore	트램기사, 기관사
il tassista	택시기사	l'autista	버스기사
il pilota	조종사	l'assistente di volo	승무원
il vicolo	좁은 길, 골목	la via	길
la strada	도로	il viale	대로
la piazza	광장	l'autostrada	고속도로

🖊 TIP

l'aeroporto di Linate
밀라노 리나테 공항(도심)

l'aeroporto di Milano-Malpensa
밀라노 말펜사 공항(밀라노에서 65km 거리, 큰 공항)

l'aeroporto di Bergamo-Orio al Serio
베르가모 오리오 알 세리오 공항(밀라노에서 51km 거리)

l'aeroporto di Roma-Fiumicino
로마 피우미치노 공항(로마에서 30km 거리, 큰 공항)

l'aeroporto di Roma-Ciampino
로마 참피노 공항(로마에서 14km 거리)

169

2 기차 관련 필수 단어

Trenitalia	이탈리아 국영철도회사	Italo	이탈리아 철도 사기업 (주식회사)
Trenord	롬바르디아주 및 북부지역 철도 회사 (유한책임회사)	L'alta velocità ferroviaria	고속 철도
il binario	플랫폼	il freno d'emergenza	비상 손잡이
il guasto	고장	la cancellazione	취소
il ritardo	지연	il sottopassaggio	지하도
la carrozza	기차 칸, 객차	la classe	(기차의) 클래스
la destinazione	목적지, 도착지	la maniglia	손잡이
il marciapiede	인도, 플랫폼	il microfono	마이크
la partenza	출발	l'arrivo	도착
il pulsante	버튼	la stazione	역
la stazione ferroviaria	기차역	la videosorveglianza	감시 카메라
l'orario	시간표, 시각	la climatizzazione	냉난방
rimborsare	환불하다, 돈을 돌려주다	premere	누르다
la comunicazione di emergenza		비상 연락	

Premere e mantenere premuto il pulsante per parlare con l'operatore.
기관사와 얘기하기 위해 이 버튼을 누르고 계세요.

Prossima fermata: Garibaldi FS.
다음 역은 가리발디 기차역입니다.

Treno diretto a Novara.
노바라 행 기차입니다.

Lascia questo posto libero.
이 자리를 비워 두세요.

APPROFONDIMENTO 🎧 17-3

Situazione ➊

상황 Trenitalia에서 기차 예약하기

A: Cosa farai a Capodanno? Hai qualche programma?
B: Boh, non ci ho ancora pensato.
A: Andiamo a Bolzano con il treno?
B: In quel periodo i biglietti costeranno un sacco!
A: Allora guardiamo i biglietti sul sito di Trenitalia. E poi decideremo cosa fare!
B: Ok. La stazione di partenza è Milano Centrale e quella di arrivo è Bolzano Bozen. Scelgo come data di partenza il 29 dicembre. E la data di ritorno sarà il 5 gennaio dell'anno prossimo.
A: Quanto costa?
B: Costa 80 euro a testa. No, no, è troppo costoso.
A: Non ti preoccupare! Avrò sicuramente uno sconto del 30%. Andremo in montagna e vedremo quanto è bella l'alba.
B: Va bene. Ovunque andiamo, saremo felici!

A: 새해에 뭐 할 거야? 계획이 있니?

B: 글쎄, 아직 생각해보지 않았어.

A: 기차로 볼차노에 갈까?

B: 그 기간에는 기차표가 매우 비쌀 거야!

A: 그러면 트렌이탈리아 사이트에서 표를 찾아보자. 그리고 무엇을 할지 결정하자!

B: 그래. 출발역은 밀라노 중앙역 그리고 도착역은 볼차노 보젠역이야. 출발 날짜는 12월 29일로 선택할게. 그리고 돌아오는 날짜는 다음해 1월 5일일 거야.

A: 얼마야?

B: 1인당 80 유로야. 안 돼, 너무 비싸네.

A: 걱정하지 마! 분명히 30% 할인을 가지고 있을 거야. 우리는 산에 갈 거고, 일출이 얼마나 아름다운지 볼 거야.

B: 그래. 우리가 어디를 가든지 즐거울 거야!

COMUNICHIAMO

1 《Time to Say Goodbye》로 더 잘 알려진 Andrea Bocelli의 《Con te partirò》 가사의 일부분입니다. 주어진 동사를 알맞은 직설법 미래시제의 형태로 쓰고 이탈리아어로 노래를 불러 보세요.

Con te 1 _____ (partire, io).
나는 너와 떠날 거야.

Paesi che non ho mai veduto e vissuto con te
한 번도 너와 함께 보지 못했고, 살아보지 않은 그 나라들로

Adesso sì lì 2 _____ (vivere, io).
나는 이제 그곳에 살 거야.

Con te 3 _____ (partire, io) su navi per mari che non esistono più.
너와 함께 더 이상은 존재하지 않는 바다로 배를 타고 떠날 거야.

Con te io lì 4 _____ (vivere, io).
너와 함께 그곳에 살 거야.

---

2 직설법 미래시제를 사용하여 다음 대화를 완성하고 말해 보세요.

A: Lorenzo, domani **1** _____ (partire) per Roma per una settimana?
로렌조, 내일 로마로 일주일 동안 떠날 예정이지?

B: Sì, **2** _____ (uscire) alle 6 di mattina perché il treno **3** _____ (partire) alle 6:50.
응, 아침 6시에 나갈 거야 왜냐하면 기차가 6시 50분에 출발할 예정이야.

A: Così presto?
그렇게 일찍?

B: Eh, sì. Perché la conferenza **4** _____ (cominciare) alle 9 di mattina.
응, 그렇게 됐네. 왜냐하면 회의가 아침 9시부터 시작이거든.

A: Ok. Ma come **5** _____ (arrivare) fino alla stazione?
알겠어. 그런데 기차역까지 어떻게 도착할 거니?

B: **6** _____ (prendere) il taxi. L'azienda mi **7** _____ (rimborsare) le spese.
택시를 탈 거야. 회사에서 비용을 내게 다시 돌려줄 거야.

A: Ok, meno male. Buon viaggio e buon lavoro!
그래, 다행이야. 좋은 여행 되길 바라고 수고해!

B: Grazie, tesoro. Domani, dopo la conferenza ti **8** _____ (chiamare).
자기야, 고마워. 내일 회의 끝나고 전화할게.

A: Ok. Mi **9** _____ (mancare).
알겠어. 보고 싶을 거야.

ESERCIZI

◉ **다음 빈칸에 주어진 동사의 직설법 미래 형태를 넣으세요.**

1   Domani Riccardo _____ (andare) al cinema con la sua ragazza.

    내일 리카르도는 여자친구와 영화관에 갈 것입니다.

2   Questo sabato Luca e Diego _____ (guardare) la partita di calcio.

    이번 주 토요일에 루카와 디에고는 축구 경기를 볼 것입니다.

3   Giorgia, _____ (venire) alla cena con noi?

    조르쟈, 우리와 함께 저녁식사에 갈 거지?

4   Il prossimo anno Gianna _____ (licenziarsi) e
    _____ (cercare) un nuovo lavoro.

    내년에 쟌나는 이 일을 그만두고 다른 일을 찾을 것입니다.

5   La settimana prossima _____ (ricevere, tu) lo stipendio.

    너는 다음주에 급여를 받을 것입니다.

6   Voi _____ (vivere) qua in Italia?

    너희는 이탈리아에 살 거니?

7   Cosa _____ (fare, tu) in futuro?

    미래에 무엇을 할 거니?

8   Tutto _____ (andare) bene.

    모든 것이 잘될 것입니다.

9   Il mese prossimo io _____ (suonare) il pianoforte e
    Attilio _____ (cantare) dei brani di Verdi al Teatro della Tosse di Genova.

    다음달에 제노바의 토쎄 극장에서 나는 피아노를 칠 것이고, 아틸리오는 베르디의 곡을 부를 것입니다.

10 Se non ti copri bene con questo freddo, _____ (avere) presto il raffreddore.

    이 추위에 옷을 껴입지 않으면, 감기에 금방 걸릴 거야.

메이크업
Vorrei regalare un rossetto alla mia ragazza.

여자친구에게 립스틱을 선물하고 싶어요.

(DIALOGO)   🎧 18-1

VOCABOLARIO

il cosmetico 화장품 (통칭)

la fidanzata
여자친구, 약혼자

la creama da viso
페이셜 크림

il viso 얼굴

la faccia 얼굴

il prodotto 제품

la pelle 피부, 가죽

secco 마른, 건조한

sensibile 민감한, 예민한

regalare 선물하다

il trucco 화장품 (메이크업)

il rossetto 립스틱

la/le palette 팔레트

l'ombretto 아이섀도

entrambi 둘 다, 모두

la carta di credito
신용카드

lo sconto 할인

Commessa: Buongiorno. Come potrei aiutarla?

Luca: Buongiorno. Vorrei comprare dei cosmetici per la mia fidanzata.

Commessa: Allora, le potrebbe interessare una crema per il viso? Questa crema è un nuovo prodotto per la pelle secca e sensibile.

Luca: Ma vorrei regalare qualche prodotto per il trucco.

Commessa: Potrebbe andare bene questo rossetto rosso? Questo colore sta bene su qualsiasi pelle. E poi le consiglierei questa palette di ombretti. Se compra questo set avrà uno sconto del 20%.

Luca: Okay. Compro entrambi. Potrei pagare con la carta di credito?

Commessa: Certamente! Sono 80 euro ma con lo sconto costa 64 euro.

점원: 안녕하세요. 어떻게 도와드릴까요?

루카: 안녕하세요. 제 여자친구를 위해 화장품을 사고 싶어요.

점원: 그렇다면, 얼굴에 바르는 크림에 관심이 있으실까요? 이 크림은 건조하고 민감한 피부를 위한 신제품입니다.

루카: 하지만 메이크업 제품을 선물하고 싶네요.

점원: 빨간 립스틱이 괜찮으시겠어요? 이 색은 그 어떤 피부에도 잘 어울리죠. 그리고 이 아이섀도 팔레트를 추천드릴게요. 이 세트를 구매하시면 20% 할인을 받으실 거예요.

루카: 그래요. 두 개 다 살게요. 신용카드로 계산할 수 있을까요?

점원: 당연하죠! 80 유로이지만 할인해서 64 유로입니다.

GRAMMATICA

1 조건법 단순시제 - 규칙변화

⊘ 조건법 단순시제는 직설법 단순미래시제와 비교하여 학습하면 도움이 됩니다.

⊘ '~하겠다'로 해석하면 혼란이 적습니다.

⊘ -are와 -ere 동사의 어미변화 형태는 동일합니다.

주격인칭대명사		-ARE		-ERE		-IRE	
Io	Noi	-erei	-eremmo	-erei	-eremmo	-irei	-iremmo
Tu	Voi	-eresti	-ereste	-eresti	-ereste	-iresti	-ireste
Lui, Lei Lei	Loro	-erebbe	-erebbero	-erebbe	-erebbero	-irebbe	-irebbero

AMARE (사랑하다)		CREDERE (믿다)		PULIRE (청소하다)	
amerei	ameremmo	crederei	crederemmo	pulirei	puliremmo
ameresti	amereste	crederesti	credereste	puliresti	pulireste
amerebbe	amerebbero	crederebbe	crederebbero	pulirebbe	pulirebbero

⊘ -care, -gare로 끝나는 동사는 c와 g의 음가를 지키기 위해 조건법 어미 앞에 'h'를 넣습니다.

cercare 찾다
→ io cer**ch**erei   tu cer**ch**eresti   lui cher**ch**erebbe ...

pregare 기도하다, 요청하다
→ io pre**gh**erei   tu pre**gh**eresti   lui pre**gh**erebbe ...

⊘ -ciare, -giare로 끝나는 동사는 'i'를 빼고 조건법 어미를 붙입니다.

cominciare 시작하다
→ io comin**c**erei   tu comin**c**eresti   lui comin**c**erebbe ...

mangiare 먹다
→ io man**g**erei   tu man**g**eresti   lui man**g**erebbe ...

| 조건법 단순시제의 용법 |

1) 희망사항, 요구, 불확실한 정보 등을 표현할 때

Al posto tuo, io guarderei un film.
내가 너라면, 영화를 보겠어.

Preferireste andare a Roma con il treno.
너희는 기차로 로마에 가는 것을 선호하겠구나.

Sarebbe meglio dirmi tutto.
내게 모든 얘기를 하는 것이 낫겠다.

2) 현재나 미래 혹은 불확실한 일을 추측하거나 의견을 완곡하게 표현할 때

Il partito dovrebbe iniziare alle 20.
경기는 오후 8시에 시작하겠네.

In teoria, sarebbe la scelta perfetta.
이론상 완벽한 선택이겠다.

Il meteo dice che sulla costa pioverebbe.
일기예보에서 바닷가에는 비가 오겠다고 한다.

3) 실현가능성의 가정문과, 비현실성의 가정문에서 사용

Se guadagnassi tanto, andrei alle Maldive.
돈을 많이 번다면, 몰디브로 가겠다.

Se andassimo alle Maldive per le vacanze, sarei contento.
우리가 몰디브로 휴가를 간다면, 나는 행복하겠지.

Se imparassi l'italiano, sarebbe meglio per te.
이탈리아어를 배운다면, 너에게 더 좋겠다.

4) 완곡한 어법으로 친절하고 정중하게 표현할 때

Potrei avere un bicchiere d'acqua?
물 한 잔 얻을 수 있겠습니까? (= 물 한 잔 주시겠어요?)

Vorrei prenotare un tavolo per quattro.
네 명을 위한 테이블을 예약하고 싶어요.

Ti dispiacerebbe chiudere la finestra?
창문을 닫으면 싫겠니? (= 창문 좀 닫아 주겠니?)

ESPRESSIONI

🎧 18-2

1 원하는 옷과 색 말하기

Io vorrei _____ di colore _____.		저는 _____ 색의 _____ 을(를) 원합니다.	
una felpa	arancione	주황	후드 티, 맨투맨 티
una gonna	fucsia	핫핑크	치마
una tuta da ginnastica	azzurro	하늘	트레이닝복
un vestito	rosso	빨간	원피스, 드레스
una camicia	beige	베이지	셔츠
una camicetta	bianco	하얀	블라우스
una giacca	giallo	노란	재킷
un impermeabile	crema	크림	코트, 우비
i pantaloni	blu	파란	바지
i jeans	celeste	하늘	청바지
un maglione	marrone	밤	스웨터
un capotto	verde	초록	외투
un costume	argento	은	수영복
un abito	oro	금	드레스
gli stivali	viola	보라	부츠
i tacchi	nero	검은	하이힐
le scarpe	marrone	갈색	신발
le calze	grigio	회색	양말

2 화장품 관련 단어

dermatologicamente testato		피부과적으로 테스트한	
dermatologicamente comprovato		피부과적으로 승인받은	
i punti neri	블랙헤드	idratante	보습력이 좋은
il bagnodoccia	바디워시	il bagnoschiuma	바디워시
il balsamo	린스	il cofanetto	포장 상자
il dermatologo	피부과(의사)	il detergente	클렌징 제품, 세제
il fondotinta	파운데이션	il correttore	컨실러
il gel	젤	il profumo	향수
il rossetto	립스틱	la crema anticellulite	셀룰라이트 제거 크림
la crema corpo	바디로션	il mascara	마스카라
la matita occhi	펜슬 아이라이너	la pelle	피부
la cellulite	셀룰라이트	la palette	팔레트
l'idratazione	보습	lo shampoo	샴푸
lo smalto unghie	네일 컬러	lo struccante	메이크업 클렌저
l'ombretto	아이섀도	profumato	향이 좋은
a rapido assorbimento	흡수가 빠른	antietà	안티에이징

3 세제 관련 단어

il bicarbonato (di sodio)	베이킹 소다	il detersivo	세제
il detersivo per il bucato	세탁 세제	il detersivo per piatti	그릇 세정제, 주방 세제
il sapone	비누	la candeggina	락스
l'ammorbidente	섬유 유연제	l'anticalcare	석회석 제거제
lo sgrassatore	기름, 찌든 때 제거제	lo smacchiatore	얼룩 제거제

APPROFONDIMENTO   🎧 18-3

Situazione ❶

상황 조건에 맞는 아파트 찾기

A: Buongiorno. Stiamo cercando urgentemente un appartamento in zona Loreto.
B: Quali sono le vostre esigenze?
A: Noi vorremmo tre camere da letto, una cucina e due bagni.
B: Vi andrebbe bene anche con un solo bagno?
A: Preferiremmo due bagni ma...

A: 안녕하세요. 저희는 로레토 동네에 급하게 아파트를 찾고 있습니다.
B: 고객님들께서 원하는 조건이 있으십니까?
A: 침실 세 개, 부엌, 화장실 두 개면 좋겠어요.
B: 화장실이 하나만 있어도 괜찮으시겠어요?
A: 화장실 두 개를 선호합니다만...

Situazione ❷

상황 옷 구매하기

A: Salve, come potrei esserti utile?
B: Salve. Sto cercando un vestito per andare a un matrimonio.
A: Ok, ti vorrei mostrare un vestito viola. Ti starebbe molto bene. Che taglia porti?
B: Porto la taglia 38.
A: Ecco a te.
B: Potrei provarlo?
A: Certo.

A: 안녕하세요, 제가 어떻게 하면 도움이 될까요?
B: 안녕하세요. 결혼식에 입고 갈 원피스를 찾고 있어요.
A: 좋아요, 보라색 원피스를 보여드리고 싶네요. 정말 잘 어울리겠어요. 어떤 사이즈를 입으세요?
B: 38 사이즈를 입어요.
A: 여기 있습니다.
B: 입어봐도 되겠습니까?
A: 당연하죠.

COMUNICHIAMO

◎ **조건법 현재형태를 사용하여 다음 대화를 완성하고 말해 보세요.**

A: Marco, 1 _____ (potere, io) darti un consiglio?
마르코, 너에게 충고 하나 할 수 있겠니?

B: Va bene. Lo 2 _____ (ascoltare) volentieri.
좋아. 충고를 기꺼이 듣겠어.

A: Vedo che tu fumi molto. 3 _____ (dovere) smettere di fumare.
너 담배를 많이 피우는 것 같아. 너는 담배를 끊어야 하겠어.

B: Eh, lo so. Ma è difficile.
나도 알아. 하지만 어렵다고.

A: Al posto tuo, io 4 _____ (andare) da un dottore.
내가 너라면, 의사한테 가겠어.

B: Andare dal dottore per cosa?
대체 무엇을 위해서 의사한테 간다는 거니?

A: 5 _____ (dovere) ricevere una consulenza. Sei dipendente dalle sigarette!
너는 상담을 받아야 하겠어. 너 담배 중독이야!

B: Dai, non esageriamo. Fumare le sigarette non è mica una cosa grave.
과장하지 말아줘. 담배를 피우는 것이 심각한 건 아니야.

A: Invece sì, è un problema molto grave. Con la consulenza giusta 6 _____ (smettere) di fumare più facilmente. 7 _____ (dovere) fare anche più sport!
아주 심각한 문제인 게 맞아. 적절한 상담을 받으면 더욱 쉽게 담배를 끊겠지. 너는 또 운동도 더 해야겠다!

B: D'accordo. Nei prossimi giorni 8 _____ (provare) ad andare dal dottore.
알겠어. 며칠 뒤에 의사한테 가보겠어.

nei prossimi giorni
돌아오는 다음 날들에

181

ESERCIZI

◎ 다음 빈칸에 주어진 동사의 조건법 현재 형태를 넣으세요.

1 _____ (potere) fare una telefonata qui?

여기서 전화를 할 수 있겠죠?

2 Cosa _____ (volere) mangiare?

너는 무엇을 먹겠니?

3 Marco, _____ (cambiare) il tuo lavoro se ne avessi l'occasione?

마르코, 기회가 주어진다면 일자리를 바꾸겠니?

4 _____ (dovere, lei) firmare qui.

여기에 서명을 하셔야겠습니다.

5 _____ (piacere, ti) se ti regalassero dei fiori?

사람들이 네게 꽃을 선물한다면 기분이 좋겠니?

6 Scusate, _____ (avere) 20 euro da prestarmi?

미안한데, 여러분은 제게 빌려줄 20유로가 있나요?

7 Questo sistema non _____ (dovere) funzionare così.

시스템이 이렇게 작동해서는 안 되겠습니다.

8 Fa freddo qui. _____ (chiudere, lei) la finestra, per favore?

춥네요. 창문 좀 닫아주시겠어요?

9 _____ (andare, io) volentieri a casa. Ma non posso.

집에 즐겁게 가겠어. 하지만 그럴 수 없어.

10 _____ (fare, io) una passeggiata ma sta piovendo.

산책을 하겠지만 비가 온다.

위생

Lavati spesso le mani.

손을 자주 씻으세요.

DIALOGO

🎧 19-1

VOCABOLARIO

l'influenza 독감
cf) il raffreddore 감기

diffondersi 확산되다

stare attento 조심하다

evitare 방지하다, 막다

contagiare
전염시키다, 옮기다
cf) trasmettere
전하다, 전염시키다
cf) trasmettersi
전해지다, 전염되다

la regola 수칙, 규칙

proteggersi 보호하다

toccare 만지다

tossire 기침하다

starnutire 재채기하다

il fazzoletto 손수건, 티슈

gettare 버리다

la spazzatura 쓰레기

piegare 접다, 구부리다

il gomito 팔꿈치

l'igiene 위생, 보건

la salute 건강

sano 건강한

Luca: Sai che l'influenza si sta diffondendo in questi giorni? Dobbiamo stare attenti per evitare di essere contagiati.

Gloria: Ah, sì? Conosci qualche regola per proteggerci dall'influenza?

Luca: Prima di tutto lavati spesso le mani. Non toccarti occhi, naso e bocca con le mani. Tossisci o starnutisci in un fazzoletto e, dopo averlo usato, gettalo nella spazzatura.

Gloria: Ma cosa dovrei fare se non ho un fazzoletto?

Luca: In quel caso, tossisci o starnutisci nella piega del gomito.

Gloria: Ho capito. Queste regole d'igiene sono semplici ma essenziali per la salute!

루카: 요즘 독감이 유행하는 거 알지? 우리가 전염되는 것을 막기 위해 조심해야 해.

글로리아: 아, 그래? 독감에 대항해서 우리 스스로를 지킬 수 있는 몇몇의 수칙을 알고 있니?

루카: 무엇보다도 손을 자주 씻어야 해. 손으로 눈, 코, 입을 만지지 마. 티슈에 기침을 하거나 재채기를 하고, 사용 후에는 휴지통에 그걸 버려.

글로리아: 그런데 티슈가 없다면, 뭘 해야만 할까?

루카: 그런 경우에는 팔꿈치를 구부려 그 위에 기침을 하거나 재채기를 해.

글로리아: 이해했어. 이 위생수칙은 간단하지만 건강을 위해서는 아주 필수적이구나!

GRAMMATICA

1 긍정명령법 - 규칙변화

⊘ 1인칭 단수에게는 명령할 수 없기 때문에 이에 대한 변화 형태는 없습니다.

⊘ Noi(우리)에 대한 명령형은 '~하자'의 청유형으로 해석됩니다.

⊘ 존칭으로서의 Loro(당신들)는 현대 이탈리아어에서 거의 사용되지 않으므로, '당신들'에 대한 명령은 Voi의 형태를 취합니다.

⊘ 재귀동사의 명령형, 목적격대명사가 포함된 명령형은 재귀대명사 및 목적격인칭대명사가 **3인칭에서만 동사 앞**에 놓입니다. 나머지의 경우는 동사 뒤에 바로 붙습니다.

-ARE		-ERE		-IRE		-IRE	
-	-iamo	-	-iamo	-	-iamo	-	-iamo
-a	-ate	-i	-ete	-i	-ite	-isci	-ite
-i	-ino	-a	-ano	-a	-ano	-isca	-iscano

CAMMINARE (걷다)		LEGGERE (읽다)		DORMIRE (자다)		PULIRE (청소하다)	
-	cammin**iamo**	-	legg**iamo**	-	dorm**iamo**	-	pul**iamo**
cammin**a**	cammin**ate**	legg**i**	legg**ete**	dorm**i**	dorm**ite**	pul**isci**	pul**ite**
cammin**i**	cammin**ino**	legg**a**	legg**ano**	dorm**a**	dorm**ano**	pul**isca**	pul**iscano**

Mamma, **leggimi** un libro!　　엄마, 나에게 책을 읽어주세요!

Signora Masetti,
mi legga questo articolo.　　마세티 씨,
저에게 이 기사를 읽어주십시오.

Ragazzi, **leggete** libri!　　얘들아, 책을 읽어라!

Scusami.　　나를 용서해 줘(= 미안해).

Mi Scusi.　　저를 용서해 주세요(= 죄송해요).

Alzati!　　(너 스스로를) 일어나라!

Per favore, **si alzi**.　　(당신 스스로를) 일어나십시오.

② 부정명령법

'~하지 마라 / ~하지 마세요'의 의미를 나타내는 방법은 간단합니다. 앞의 긍정명령형 앞에 NON만 붙이면 됩니다.

Non mi dica.
말씀하지 마세요.

Non andate là.
저기로 가지 마세요.

2인칭 단수(Tu)일 때는 '(Tu) NON + 동사원형'으로 사용합니다. 재귀동사의 원형을 사용할 때, 반드시 재귀대명사를 주어에 일치시켜 사용해야 합니다. 또한, 목적격대명사는 동사원형 바로 뒤에 붙여 사용하는 것도 잊지 말아야 합니다.

Non dire le bugie.
거짓말하지 말아라.

Non rubare le nostre cose.
우리의 것을 훔치지 말아라.

Non parlare per qualche minuto e ascoltami.
몇 분 동안 말하지 말고, 내 말을 들어봐.

Non alzarti troppo tardi.
너무 늦게 일어나지 말아라.

Non arrabbiarti.
화내지 마.

Non dimenticarti di portare il libro.
그 책을 가져오는 걸 잊지 말아라.

Non mangiarlo.
그것을 먹지 말아라.

Non buttarlo via.
그것을 버려버리지 말아라.

Non dimenticartelo. (재귀대명사 ti + 직접목적격 lo = telo)
그것을 잊지 말아라.

(ESPRESSIONI)

1 금지를 나타내는 표현

È vietato _____.
= È proibito _____.

_____은 금지되어 있습니다.

oltrepassare la linea gialla	노란 선을 넘어가는 것
appoggiarsi alle porte	문에 기대는 것
attraversare la strada	길을 건너는 것
fumare qui	이곳에서 담배를 피우는 것
bere alcolici in strada	길에서 술을 마시는 것
parlare ad alta voce	큰 소리로 얘기하는 것
urlare / gridare	소리 지르는 것

② 생리현상 및 증상 관련 표현

i dolori mestruali	생리통	i dolori muscolari	근육통
i dolori osteoarticolari	관절염	il brufolo	여드름, 피부 트러블
il contagio	감염	il crampo	쥐, 근육 경련
il dolore al petto	가슴 통증	il dolore	고통
il sintomo	증상	i sintomi del raffreddore	감기 증상
i sintomi dell'influenza	독감 증상	la congestione nasale / il naso chiuso	코 막힘
la diarrea	설사	la difficoltà respiratoria	호흡 곤란
la febbre	열	la lacrima	눈물
la nausea	구토	la perdita del gusto	식욕 감퇴
la quarantena	격리	la saliva	침
la tosse secca	마른기침	la tosse	기침
l'allergia	알레르기	l'emicrania	편두통
l'orzaiolo	다래끼	mal di gola	인후통
mal di testa	두통	mal di denti	치통
piangere	울다	respirare	호흡하다, 숨을 쉬다
rispettare le norme di igiene	위생 수칙을 지키다	ruttare	트림하다
sbadigliare	하품하다	sbavare	침을 흘리다
scoreggiare	방귀를 뀌다	singhiozzare	딸꾹질하다
sospirare	한숨 쉬다, 탄식하다	soffrire	고통을 겪다, 시달리다
sputare	침을 뱉다	starnutire	재채기하다
sudare	땀을 흘리다	tossire	기침하다

APPROFONDIMENTO

🎧 19-3

Situazione ❶

상황 공공장소에서의 금지사항 얘기하기

A: Fai silenzio, ti prego. Non parlare ad alta voce. Siamo nel treno.

B: Scusami. Dovrei bisbigliare. Ora mangiamo qualcosa.

A: No, non possiamo. È vietato mangiare in treno.

B: Da quando? Non lo sapevo!

A: 조용히 해, 부탁할게. 큰 목소리로 얘기하지 마. 우리 기차 안이야.

B: 용서해줘. 속삭여야겠다. 이제 뭐 좀 먹자.

A: 아니야, 그럴 수 없어. 기차 안에서 음식을 먹는 건 금지되어 있어.

B: 언제부터? 그건 몰랐네!

Situazione ❷

상황 약 보관 주의사항

· Leggere il foglio illustrativo prima dell'uso.

· Tenere fuori dalla vista e dalla portata dei bambini.

· Inghiottire le capsule intere.

· Non masticare o rompere le capsule.

· Non conservare a temperatura superiore ai 25°C.

· Conservare nella confezione originale per proteggere dall'umidità.

· 사용설명서를 복용(사용) 전에 읽으십시오.

· 어린이의 눈과 손이 닿지 않는 곳에 보관하십시오.

· 캡슐 전체를 삼키십시오.

· 캡슐을 씹거나 부수지 마십시오.

· 25℃ 이상에서 보관하지 마십시오.

· 습기로부터 보호하기 위해 본래 패키지에 보관하십시오.

COMUNICHIAMO

◉ **명령법을 사용하여 다음 대화를 완성하고 말해 보세요.**

A: Ragazzi, la cena è pronta! 1 _____ (venire) a tavola!
얘들아, 저녁 준비됐다! 다들 식탁으로 와라!

B: Mamma, 2 _____ (aspettare)! Ho quasi finito un
videogioco che sto vincendo.
엄마, 기다려요! 지금 이기고 있는 게임이 거의 끝나가요.

A: Marco, è tardi. 3 _____ (smettere) di giocare e
4 _____ (venire) subito. Altrimenti si raffredda tutto.
마르코, 늦었어. 게임 그만하고 얼른 와. 그렇지 않으면 전부 식는단다.

B: Non mi 5 _____ (dire) quello che devo fare!
6 _____ (lasciare, mi) stare!
내가 뭘 해야 한다고 말하지 마세요! 나를 냅두라고요!

A: Marco, 7 _____ (essere) educato! Non 8 _____
(parlare) così a tua mamma!
마르코, 예의를 갖춰라! 너 엄마한테 그렇게 말하지 말아라!

B: 9 _____ (perdonare, mi) mamma. Adesso arrivo.
죄송해요 엄마. 지금 갈게요.

ESERCIZI

◉ 다음 빈칸에 주어진 동사의 명령법 형태를 넣으세요.

1 Professore, mi _____ (ripetere) la domanda, per favore!

교수님, 질문을 다시 말씀해주세요!

2 _____ (andare, tu) al supermercato

e _____ (comprare, tu) gli spinaci.

마트에 가서 시금치를 사와라.

3 Bambini, _____ (dormire) presto!

얘들아, 얼른 자라!

4 _____ (rispettare, tu) tuo padre e tua madre.

너의 아버지와 어머니를 공경해라.

5 _____ (rubare) gli oggetti delle altre persone.

다른 사람들의 물건을 훔치지 말아라.

6 Signorina Marini, _____ (accomodarsi) in salotto.

마리니 씨, 응접실에 앉아계세요.

7 _____ (dire) le bugie.

거짓말하지 말아라.

8 _____ (mettersi, tu) gli occhiali da sole.

선글라스를 써라.

9 _____ (Indossare, tu) correttamente il casco per andare in bicicletta.

자전거를 타기 위해 헬멧을 올바르게 착용해라.

10 _____ (attraversare) la strada quando la luce è rossa.

빨간불일 때는 길을 건너지 마세요.

명절·기념일

행복한 크리스마스를 보내기 바랍니다!

Spero che tu passi un felice Natale!

DIALOGO 🎧 20-1

VOCABOLARIO

la Pasqua 부활절

il Natale 크리스마스

la festa 명절, 축제

il programma 계획, 프로그램

tradizionalmente 전통적으로

la Vigilia di Natale 크리스마스 이브

inoltre 게다가

il Capodanno 새해 첫 날

sperare 바라다, 희망하다

in solitudine 고독하게, 외롭게

la solitudine 고독

pensare 생각하다

pieno 가득 찬

Luca: In Italia, la Pasqua e il Natale sono due delle feste più importanti.

Gloria: Tra qualche settimana siamo già a Natale. Che programmi hai per Natale?

Luca: Tradizionalmente in Italia, la Vigilia di Natale, andiamo in chiesa a mezzanotte. Inoltre, si dice 'Natale con i tuoi, Capodanno con chi vuoi'. Io e la mia famiglia passeremo il Natale in chiesa anche quest'anno.

Gloria: Anch'io andrò in chiesa con i miei genitori a Natale. Però, è triste che ancora tante persone passino il Natale in solitudine!

Luca: Sono d'accordo. Voglio aiutare le persone in difficoltà. Spero che molte persone facciano dei regali ai bambini che vivono in solitudine.

Gloria: Penso che tu sia una persona piena d'amore.

Luca: Desidero solo che la gente possa passare un felice Natale.

루카: 이탈리아에서는, 부활절과 성탄절이 두 개의 가장 큰 명절이야.

글로리아: 몇 주 뒤면 벌써 크리스마스네. 크리스마스에 어떤 계획이 있니?

루카: 전통적으로 이탈리아에서는 크리스마스 이브 자정에 교회에 가. 게다가 '성탄절은 부모님과, 새해는 원하는 사람과 함께'라는 말도 있어. 나와 우리 가족은 올해도 교회에서 성탄절을 보낼 거야.

글로리아: 나도 성탄절에 우리 부모님과 교회에 갈 거야. 하지만, 아직도 많은 사람들이 크리스마스를 외롭게 보내는 건 슬픈 일이야!

루카: 나도 동의해. 어려운 사람들을 도와주고 싶어. 많은 사람들이 외로운 아이들에게 선물을 한다면 좋겠어.

글로리아: 너는 사랑이 가득한 사람이라고 생각해.

루카: 나는 사람들이 행복한 크리스마스를 보내기를 원해.

GRAMMATICA

① 접속법

접속법은 이탈리아어의 꽃이라 할 수 있습니다. 어려워 보이지만 잘 이해하고 사용한다면, 고급스러운 이탈리아어를 구사할 수 있습니다. 직설법이 객관적이며 실제적인 내용을 나타낸다면, 접속법은 주절에서 주관성이 더욱 돋보입니다. '접속'이란 말에서 알 수 있듯이 CHE가 접속되는 종속절에서 사용되는 형태입니다. 주절의 주어와 종속절의 주어는 다른데, 주절의 주어가 종속절 주어의 의지를 확정할 수 없습니다. 따라서 주절에서 희망, 소망, 불확실함, 의심 등을 나타내는 표현이 있을 때, 종속절에 접속법이 사용됩니다. 매우 중요한 문법사항이므로 동영상 강의를 통해 보다 정확히 개념을 다지길 바랍니다.

② 접속법 현재

접속법 현재시제는 종속절 내에서 현재 및 미래의 시제를 나타냅니다.

| 규칙변화 |

-ARE		-ERE		-IRE		-IRE	
-i	-iamo	-a	-iamo	-a	-iamo	-isca	-iamo
-i	-iate	-a	-iate	-a	-iate	-isca	-iate
-i	-ino	-a	-ano	-a	-ano	-isca	-iscano

STUDIARE		DECIDERE		DORMIRE		CAPIRE	
studi	studiamo	decida	decidiamo	dorma	dormiamo	capisca	capiamo
studi	studiate	decida	decidiate	dorma	dormiate	capisca	capiate
studi	studino	decida	decidano	dorma	dormano	capisca	capiscano

| 불규칙변화 |

ESSERE		STARE		AVERE	
sia	siamo	stia	stiamo	abbia	abbiamo
sia	siate	stia	stiate	abbia	abbiate
sia	siano	stia	stiano	abbia	abbiano

ANDARE		FARE	
vada	and**iamo**	faccia	facc**iamo**
vada	and**iate**	faccia	facc**iate**
vada	**vadano**	faccia	facc**iano**

문장1　Io spero.　　　　　　　　　나는 원한다.

문장2　I miei figli **studiano** la matematica.　내 자녀들이 수학을 공부한다.

　→ Spero **che** i miei figli **studino** la matematica.
　나는 내 자녀들이 수학을 공부하길 바란다.

문장1　Io penso.　　　　　　　　　나는 생각한다.

문장2　Diego **arriverà** domani a Napoli.　디에고는 내일 나폴리에 도착할 것이다.

　→ Penso **che** Diego **arrivi** domani a Napoli.
　나는 디에고가 내일 나폴리에 도착할 것이라 생각한다.

Non voglio **che** i bambini **ascoltino** questa canzone.
나는 아이들이 이 노래를 듣는 걸 원하지 않는다.

Mi sembra **che** Mauro **sia** intelligente.
마우로는 명석한 것 같다.

Noi immaginiamo **che** voi **siate** stanchi per il lavoro.
우리는 너희가 일 때문에 피곤한 것 같다고 생각한다.

Dubito **che** tu **abbia** tanti soldi.
나는 너가 돈을 많이 가지고 있다는 것을 의심한다.

☑ 주절에 다음과 같은 동사들이 종속절의 주어에 대한 의심, 기대, 희망, 권고, 충고 등을 표현할 때, 종속절에서 접속법을 사용합니다. 반드시 주절의 주어와 종속절의 주어가 달라야 합니다.

기대, 희망	volere, sperare, aspettarsi, augurare, augurarsi, desiderare, esigere, preferire	
주관적인 의견	credere, giudicare, sostenere, sembrare, parere, avere l'impressione	+ **che** 접속법
가정	supporre, immaginare, sospettare, fingere, fare finta, ipotizzare	
의심, 불확실	dubitare, non essere sicuro/certo	

참고
접속법 근과거
AVERE/ESSERE 접속법 현재 +
과거분사

193

ESPRESSIONI

🎧 20-2

1 축하 및 축복하기

Ti auguro _____.	너에게 _____을(를) 축복한다/바란다.
Le auguro _____.	당신에게 _____을(를) 축복한다/바란다.
Vi auguro _____.	여러분(너희)에게 _____을(를) 축복한다/바란다.

[명사]

una buona giornata	좋은 하루
un bellissimo Natale	아주 아름다운 크리스마스
del tempo per ridere	웃을 수 있는 시간/여유
del tempo per divertirti/si/vi	즐길 수 있는 여유
del tempo per amare	사랑하는 여유

[di 동사원형]

di realizzare il sogno	꿈을 이루기를
di essere sempre felice	항상 행복하기를
di sorridere sempre	항상 웃기를
di trovare la persona giusta	좋은 사람을 만나기를
di avere tutta la forza	힘을 얻기를
di avere del tempo per rilassarti/si/vi	여유를 가지기를

TIP

이탈리아에서는 축복, 축하하는 표현을 일상에서 굉장히 빈번하게 사용합니다.

2 축하, 축복하는 표현

Buon Natale!	메리 크리스마스!
Buon Anno Nuovo!	새해 복 많이 받으세요!
Buon Capodanno!	새해를 축하합니다!
Buone feste!	즐거운 연휴 보내세요!
Buona Pasqua!	즐거운 부활절 보내세요!
Buone vacanze!	즐거운 휴가 보내세요!
Tanti auguri a te!	축하한다! / 너를 축복한다!
Auguri!	축하해!
Congratulazioni!	축하해!
Complimenti!	칭찬해!

③ 부활절 관련 표현

📝 **TIP**
부활절과 성탄절은 이탈리아에서
가장 큰 명절입니다.

La Pasqua	부활절
La Risurrezione	부활
Auguri di Buona Pasqua!	즐거운 부활절 보내세요!
la colomba con il rametto d'ulivo	올리브 나뭇가지를 문 흰 비둘기
la colomba	부활절에 먹는 빵
l'agnello	어린 양
la pace	평화

④ 크리스마스 관련 표현

Il Natale	크리스마스
la nascita	탄생, 태어남
l'albero di Natale	크리스마스 트리
il presepe	구유 조각
la calza	양말
le candele	양초
il pandoro	크리스마스에 먹는 빵
il panettone	크리스마스에 먹는 빵
il regalo	선물
il Babbo Natale	산타클로스
la slitta	썰매
Rudolph la renna dal naso rosso	빨간 코의 사슴 루돌프
la neve	눈
l'amore	사랑

⑤ 새해 관련 표현

📝 **TIP**
돼지고기 요리로 새해 전야에 렌
틸콩과 함께 요리하여 먹습니다.

il fine dell'anno	연말
il Capodanno	새해
l'anno nuovo	새로운 해
i buoni propositi	새해 계획
i fuochi d'artificio	불꽃놀이
il cotechino*	코테키노
le lenticchie	렌틸콩
festeggiare	축하하다

APPROFONDIMENTO

🎧 20-3

Situazione ❶

상황 크리스마스 축하하기

A: Buon Natale Giorgia! Voglio che la gioia del Natale riempia il tuo cuore.
B: Buon Natale Vincenzo! Ti auguro un Natale ricco di amore e felicità.
A: Grazie per gli auguri. Ti abbraccio forte!
B: Grazie a te. Tanti auguri anche alla tua famiglia! Buone feste!

A: 조르쟈, 메리 크리스마스! 나는 너의 마음에 크리스마스의 행복이 가득 차기를 원해.
B: 빈챈조, 메리 크리스마스! 사랑과 행복이 가득한 크리스마스를 네게 축복할게.
A: 축복해줘서 고마워. 너를 꼭 안아줄게!
B: 너에게 고맙지. 네 가족들에게도 축하를 전할게! 즐거운 연휴 보내!

Situazione ❷

상황 새해 축하하기

A: ...Tre, due, uno! Buon Capodanno, tesoro mio!
B: Buon anno nuovo, amore!
A: Il vecchio anno è passato. Spero che l'anno nuovo ci porti dei giorni felici.
B: Spero che questo anno nuovo ci porti tante risate.

A: ...3, 2, 1! 새해 복 많이 받아!
B: 새해 복 많이 받아!
A: 묵은 해가 갔어. 나는 새해에 행복한 날들이 우리에게 오기를 바라.
B: 나는 새해가 우리에게 많은 웃음을 가져다주기를 바라.

Situazione ❸

상황 상대방의 앞날 축복하기

> A: Congratulazioni per la tua laurea!
> B: Ti ringrazio, Giulia! È tutto grazie al tuo aiuto.
> A: Mi auguro che la tua bellissima carriera universitaria ti porti un brillante futuro professionale. Ti auguro di realizzare i tuoi sogni.
> B: Che belle parole. Grazie per gli auguri.

A: 졸업을 축하해!

B: 고마워, 줄리아! 이 모든 것이 너의 도움 덕분이야.

A: 나는 너의 멋진 대학과정이 전문성 있고 빛나는 미래를 가져다주기를 바라. 너의 꿈들을 이루기를 바라.

B: 정말 좋은 말들이네. 축하해줘서 고마워.

Situazione ❹

상황 생일 축하하기

> A: Buon compleanno Roberto!
> B: Grazie mille!
> A: Spero che non ti manchino mai salute e gioia!
> B: Mi commuovo. Spero che la nostra amicizia sia per sempre speciale!

A: 로베르토, 생일 축하해!

B: 정말 고마워!

A: 네게 건강과 행복이 부족하지 않기를 바라!

B: 감동이야. 나는 우리의 우정이 항상 특별하기를 바라!

COMUNICHIAMO

⊙ 접속법 현재형태를 사용하여 다음 대화를 완성하고 말해 보세요.

A: Credo che Giulia e Simone 1 _____ (cercare) un appartamento a Milano.
줄리아랑 시모네가 밀라노에 집을 찾고 있는 것 같아.

B: Ah, sì? Penso che mio fratello 2 _____ (potere) aiutarli. Perché lavora in un'agenzia immobiliare.
아 그래? 우리 형이 그들을 도와줄 수 있을 거라 생각해. 왜냐하면 공인중개사 사무실에서 일하거든.

A: Davvero? Non lo sapevo.
정말? 그걸 몰랐네.

B: Ora lo sai. Mi sembra che lui 3 _____ (lavorare) lì da due anni. Comunque, sai che tipo di appartamento stanno cercando?
이제 알게 되었잖아. 내 생각에 형이 2년 전부터 일하는 것 같아. 어쨌든, 어떤 종류의 집을 찾고 있는지 아니?

A: Giulia mi ha parlato delle sue esigenze. Lei non vuole che l'affitto 4 _____ (essere) più di 700 euro. Per lei è importante che la casa 5 _____ (trovarsi) in centro. Vogliono che la casa 6 _____ (avere) due stanze luminose e una terrazza carina. Inoltre, Simone vuole che la casa 7 _____ (essere) vicino alla sua azienda.
줄리아가 조건을 얘기해준 적이 있어. 그녀는 700 유로 이상의 월세는 원하지 않아. 그녀에게는 집이 중심지에 위치한 것이 중요해. 그들은 집에 채광 좋은 방 두 개와 아기자기한 테라스가 있기를 원해. 게다가 시모네는 집이 회사에서 가깝기를 바라지.

ESERCIZI

◉ **다음 빈칸에 주어진 동사의 접속법 현재 형태를 넣으세요.**

1 Penso che John _____ (essere) inglese.
   나는 존이 영국사람이라고 생각한다.

2 Mi sembra che Marco non _____ (capire) bene
   l'italiano.
   내가 보기에 마르코는 이탈리아어를 잘 이해하지 못하는 것 같다.

3 Speriamo che tu _____ (essere) felice.
   우리는 너가 행복하기를 원한다.

4 È importante che tu _____ (prendere) una decisione.
   너가 결정을 내리는 것이 중요하다.

5 Penso che quella casa _____ (avere) un giardino
   grande.
   나는 저 집이 큰 정원을 가지고 있다고 생각한다.

6 Crediamo che il governo _____ (aumentare) le tasse.
   우리는 정부가 세금을 인상할 것이라고 생각한다.

7 Non sono sicuro che Marco _____ (venire) qui.
   나는 마르코가 이곳에 온다는 것이 확실하지 않다.

8 Spero che voi _____ (avere) tanta fortuna.
   나는 너희들이 많은 복이 있기를 원한다.

9 Desideriamo che tu _____ (potere) studiare in Italia.
   우리는 너가 이탈리아에서 공부할 수 있기를 바란다.

10 Lui pensa che Marta _____ (essere) intelligente.
   그는 마르타가 똑똑하다고 생각한다.

UNITÀ 01

COMUNICHIAMO

1 Piacere! Sono ○○○.
2 Non mi posso lamentare.
3 Buon lavoro!
4 Buono studio!
5 Buona notte! Sogni d'oro!

ESERCIZI

1 A: Ciao, Giulia. Come stai?
   B: Sto benissimo, grazie. E tu?
   A: Anch'io sto bene, grazie.
2 A: Buongiorno, professor Moretti. Come sta?
   B: Sto bene, grazie. E Lei?
   A: Non c'è male. Grazie.

1 Ciao. Alla prossima.
2 Buona domenica.
3 Noi non siamo insegnanti.
4 Questa è mia cugina Juni.
5 Adesso sto molto meglio.

UNITÀ 02

COMUNICHIAMO

1 sono ○○○
2 ti chiami
3 Mi chiamo ○○○
4 sei
5 Sei di
6 sono
7 Sei
8 Sono
9 Sono
10 sono
11 Sono 본인의 직업

ESERCIZI

1 i ragazzi
2 le ragazze
3 i bambini
4 le bambine
5 i sogni
6 i libri
7 gli studenti
8 le studentesse
9 gli zaini
10 le voci
11 i mari
12 gli spaghetti
13 le università
14 gli amici
15 le amiche

UNITÀ 03

COMUNICHIAMO

hai / Io ho 나이

2

hai fame / ho / Hai voglia di / ho sete

3

Ho / Ho

ESERCIZI

1 ottantatré
2 sedici
3 quarantasette
4 sessantasette
5 settantasei
6 venticinque
7 cinquantotto
8 novantuno
9 trentadue
10 cento

2

1 ho
2 Abbiamo
3 ha
4 hai
5 abbiamo
6 hanno
7 avete
8 hai
9 ho
10 ha

UNITÀ 04

COMUNICHIAMO

1 lavora
2 Vendono / costa / Costa / compro
3 abiti / Abito
4 Prendete / Prendiamo
5 ascolti / Ascolto

ESERCIZI

1	prendono	2	lavoro
3	cura	4	parla
5	rispondono	6	viviamo
7	canta / suona	8	pranzano
9	cenate	10	lavano

UNITÀ 05

COMUNICHIAMO

1	Quante	2	Chi
3	Quando	4	Perché
5	Qual	6	Con chi
7	Dove → Dov'è	8	Come

ESERCIZI

1	guarisce	2	capisco
3	preferisci	4	Starnutisco
5	punisce	6	stupisce
7	Approfondiscono	8	gestisce
9	garantisce	10	costruiscono

UNITÀ 06

COMUNICHIAMO

1 Grazie dell'aiuto.
2 Grazie per la risposta.
3 Sono lieto/a di aiutarti.
4 Sono contento di esserti stato utile. /
   Sono contenta di esserti stata utile.
5 Grazie a te!

ESERCIZI

1	sa	2	conoscono
3	Sai	4	Conosco
5	so		

1	trovi	2	cerca / Cerco / trovarla
3	Cerco / trovo	4	cerca
5	cerca / di trovare		

UNITÀ 07

COMUNICHIAMO

posso / voglio / devi / voglio / puoi / devi

1	mio	2	nostri
3	tua	4	vostri
5	suo		

ESERCIZI

1	devo	2	voglio / posso
3	riesco	4	Voglio
5	Puoi		

UNITÀ 08

COMUNICHIAMO

gennaio / lunedì / venerdì / agosto / agosto /
luglio / il 15 agosto

ESERCIZI

1 Sono le sedici e mezza.
2 Ci vediamo alle diciotto e quaranta.
3 Sono le sette di mattina!
4 È già mezzanotte.
5 La lezione comincia alle nove meno venti.

UNITÀ 09

COMUNICHIAMO

1 alto   2 azzurri
3 bassi   4 intelligenti
5 simpatica / gentile   6 acidi
7 lunghi / biondi   8 magra / alta
9 verdi / grandi   10 begli / castani
11 amaro / dolce

ESERCIZI

1 A: Che cosa c'è sopra la tavola?
   B: Ci sono dei piatti e dei bicchieri.
2 A: Che cosa c'è dietro la porta?
   B: Ci sono due gatti.
3 A: Dov'è il Colosseo?
   B: Il Colosseo è a Roma.
4 A: Che cosa c'è sulla tavola?
   B: Ci sono dei libri.
5 A: Chi c'è accanto a me?
   B: Ci sono io!

UNITÀ 10

COMUNICHIAMO

1 interessa   2 interessa
3 piace   4 interessano
5 attirano   6 piace
7 dà un po' fastidio 8 mancano
9 va   10 serve

ESERCIZI

1 Marta mi telefona.
2 Quando vedo il professore, gli dico che tu hai
   una domanda.
3 Le spiego la lezione.
4 Cosa gli ha raccontato Lorenzo?
5 Le voglio dare questi fiori.

UNITÀ 11

COMUNICHIAMO

1 la gola   2 il naso chiuso
3 respirare   4 soffro
5 allergia   6 starnutisco
7 allergia

ESERCIZI

1 Le vuoi comprare? / Vuoi comprarle?
2 Li voglio provare. / Voglio provarli.
3 Laura la canta.
4 Io non lo prendo.
5 L'hai trovato?

UNITÀ 12

COMUNICHIAMO

1 si sposa   2 si chiama

3 si incontrano   4 si lamenta

5 mi annoio   6 mi stanco

7 si siede   8 mi stanco

9 **Ti** devi **rilassare**   10 ti senti

11 si lamenta   12 si diverte

13 Si pettina   14 si trucca

ESERCIZI

 1

1 A: A che ora ti alzi?

   B: Mi alzo alle 7.

2 A: A che ora ti addormenti?

   B: Mi addormento alle 23.

 2

1 Mi preoccupo   2 si spaventa

3 si truccano   4 Ti lavi

5 ci dimentichiamo

 UNITÀ 13

COMUNICHIAMO

1 stiamo per uscire   2 stai facendo

3 sto guardando   4 sta vincendo

5 Ti stai divertendo   6 sta per vincere

7 non sto capendo   8 stai dicendo

9 stiamo per uscire   10 sto per piangere

11 sto capendo

ESERCIZI

1 Cosa stai facendo?

2 Sto leggendo un libro.

3 Stiamo pensando.

4 Sto chiacchierando con i miei amici.

5 Luisa ancora sta dormendo.

 UNITÀ 14

COMUNICHIAMO

 1

1 hai preparato

2 l'ho preparato

3 hai messo

4 L'ho messo

5 Ho già cercato

6 l'ho trovato

7 l'ha preso

2

1 hai fatto

2 ho corso

3 ha mai fatto

4 ha detto

5 l'ho saputo

ESERCIZI

1 ho letto

2 ha spento

3 ho mai assaggiato

4 hanno fatto domande

5 ho ascoltato

6 hai salvato

7 ha offerto

8 ha perso

9 ho imparato

10 hai messo

UNITÀ 15

COMUNICHIAMO

1 sei venuto
2 sono dovuto partire
3 sono riuscito
4 è rotto
5 è successo
6 mi sono alzato
7 sono arrivato
8 sei partito
9 Mi sono divertita
10 sei mai stata
11 sono stata

ESERCIZI

1 siamo andati
2 Mi sono svegliato/a, mi sono alzato/a
3 sono partiti
4 sei stato
5 mi sono rilassato/a
6 è arrivato
7 Ti sei lavato/a, sei arrivato/a
8 è rimasta
9 sono rimasto/a
10 ci siamo salutati/e

UNITÀ 16

COMUNICHIAMO

1 abitavo   2 frequentavo
3 Erano   4 mangiavo
5 cenavamo   6 parlavamo
7 praticavamo

1 Era   2 nevicava

3 Si chiamava   4 era
5 era   6 giocavamo

ESERCIZI

1 avevo / mi svegliavo
2 andava
3 pioveva / tirava
4 abitavo / mangiavo
5 scendeva / copriva
6 aveva / parlava
7 seguivamo / guardavamo
8 aveva / sembravano
9 spiegava
10 facevo / leggevo

UNITÀ 17

COMUNICHIAMO

1 partirò   2 vivrò
3 partirò   4 vivrò

2

1 partirai   2 uscirò
3 partirà   4 comincerà
5 arriverai   6 Prenderò
7 rimborserà   8 chiamerò
9 mancherai

ESERCIZI

1 andrà   2 guarderanno
3 verrai
4 si licenzierà / cercherà
5 riceverai   6 vivrete
7 farai   8 andrà
9 suonerò / canterà   10 avrai

204

UNITÀ 18

1	potrei	2	ascolterei
3	Dovresti	4	andrei
5	Dovresti	6	smetteresti
7	Dovresti	8	proverei

ESERCIZI

1	Potrei	2	vorresti
3	cambieresti	4	Dovrebbe
5	Ti piacerebbe	6	avreste
7	dovrebbe	8	Chiuderebbe
9	Andrei	10	Farei

UNITÀ 19

COMUNICHIAMO

1	venite	2	aspetta
3	Smetti	4	vieni
5	dire	6	Lasciami
7	sii	8	parlare
9	Perdonami		

ESERCIZI

1	ripeta	2	Va' / compra
3	dormite	4	Rispetta
5	Non rubare	6	si accomodi
7	Non dire	8	Mettiti
9	Indossa	10	Non attraversare

UNITÀ 20

COMUNICHIAMO

1	cerchino	2	possa
3	lavori	4	sia
5	si trovi	6	abbia
7	sia		

ESERCIZI

1	sia	2	capisca
3	sia	4	prenda
5	abbia	6	aumenti
7	venga	8	abbiate
9	possa	10	sia

Io	Noi
Tu	Voi
Lui, Lei, Lei	Loro

Io	Noi
Tu	Voi
Lui, Lei, Lei	Loro

Io	Noi
Tu	Voi
Lui, Lei, Lei	Loro

Io	Noi
Tu	Voi
Lui, Lei, Lei	Loro

Io	Noi
Tu	Voi
Lui, Lei, Lei	Loro

Io	Noi
Tu	Voi
Lui, Lei, Lei	Loro

Io	Noi		Io	Noi
Tu	Voi		Tu	Voi
Lui, Lei, Lei	Loro		Lui, Lei, Lei	Loro

Io	Noi		Io	Noi
Tu	Voi		Tu	Voi
Lui, Lei, Lei	Loro		Lui, Lei, Lei	Loro

Io	Noi		Io	Noi
Tu	Voi		Tu	Voi
Lui, Lei, Lei	Loro		Lui, Lei, Lei	Loro

출판사, 저자, 강사, 독자가 공존하기 위한 문예림 정책

평등한 기회와 공정한 정책으로

올바른 출판문화를 이끌도록 하겠습니다.

저자

1 도서의 판매부수에 따라 인세를 정산하지 않습니다.

우리는 도서 판매여부와 관계없이 초판, 증쇄 발행 후 30일 이내 일괄 지급합니다. 보다 좋은 콘텐츠 연구에 집중해주십시오. 판매보고는 반기별로, 중쇄 계획은 인쇄 60일 전 안내합니다.

2 도서 계약은 매절로 진행하지 않습니다.

매절계약은 불합리한 계약방식입니다. 이러한 방식은 저자들의 집필 의욕을 저해시키며, 결국에는 생존력 짧은 도서로 전락하고 맙니다.

3 판매량을 기준으로 절판하지 않습니다.

판매량에 따라 지속 판매 여부를 결정하지 않으며 전문성, 영속성, 희소성을 기준으로 합니다.

강사

1 동영상강의 콘텐츠 계약은 매절로 진행하지 않습니다.

우리는 강사님의 소중한 강의를 일괄 취득하는 행위는 하지 않으며, 반기별 판매보고 후 정산합니다.

2 유료 동영상강의 인세는 콘텐츠 순 매출액의 20%를 지급합니다.(자사 사이트 기준)

우리는 가르침의 의미를 소중히 알며, 강사와 공존을 위하여 업계 최고 조건으로 진행합니다.

3 판매량에 따라 동영상강의 서비스를 중단하지 않습니다.

판매량에 따라 서비스 제공 여부를 결정하지 않으며 지속가능한 의미가 있다면 유지합니다. 전문성, 영속성, 희소성을 기준으로 합니다.

독자 및 학습자

1 도서는 제작부수에 따라 정가를 정합니다.

적절한 정가는 저자가 지속적인 연구할 수 있는 기반이 되며, 이를 통해 독자와 학습자에게 전문성 있는 다양한 콘텐츠로 보답할 것입니다.

2 도서 관련 음원(MP3)은 회원가입 없이 무료제공됩니다.

원어민 음원은 어학학습에 반드시 필요한 부분으로 아무런 제약 없이 자유롭게 제공합니다. 회원가입을 하시면 보다 많은 서비스와 정보를 얻으실 수 있습니다.

3 모든 콘텐츠는 책을 기반으로 합니다.

우리의 모든 콘텐츠는 책에서부터 시작합니다. 필요한 언어를 보다 다양한 콘텐츠로 제공하도록 하겠습니다.